Mosaik

*Für
meine beiden Mondkinder
Alexander und David*

Claudia Graf

DIE ZWÖLF MONDKINDER

Was das Mondzeichen
über Charakter, Gefühlswelt und Entwicklung
Ihres Kindes verrät

Mit Zeichnungen von Ushie Farkas-Dorner

Mosaik Verlag

Claudia Löw

VORWORT

Guck mal, wer da leuchtet!

„*Der Mond, Mama, der Mond!" ruft mein Ältester jedesmal begeistert, wenn der Vollmond rund und prall und gelb am Himmel steht. Ich glaube, es gibt kein Kind auf der Welt, das von ihm nicht fasziniert ist. Vielleicht spüren diese kleinen, empfindsamen Wesen ja noch den Einfluß, den er auf sie hat? Nicht nur im täglichen Leben, sondern von Geburt an? Denn das Zeichen, in dem er steht, wenn ein Baby seinen ersten Schrei tut, ist ein Wegweiser. Er zeigt der Mutter und dem Vater den direkten Weg zum Herzen und zur Seele ihres Kindes. Man muß ihn nur zu lesen wissen! Es gibt unzählige Bücher über die verschiedenen Charaktere der zwölf Sonnen- oder Sternzeichen. Leider gehen diese Bücher aber nicht auf das ebenso wichtige Mondzeichen ein. „Mein Kind – ein Widder? Nie und nimmer!" sagte mir eine Mutter. Als ich ihr dann aber von den Eigenheiten seines Mondzeichens Krebs erzählte, leuchteten ihre Augen. Sie fand darin die Weichheit und das große Zärtlichkeitsbedürfnis ihres Kindes wieder. Darum geht es bei dem Mondzeichen. Um die Gefühle. Besonders um die kindlichen, die übrigens ein Leben lang in jedem von uns stecken. Jedem Mondkind habe ich ein eigenes Kapitel gewidmet. Mal mit einem Augenzwinkern, mal auf besinnliche Art wird darin das Wesen des jeweiligen Mondzeichens beschrieben. Im Anschluß an jedes Kapitel findet sich eine passende kleine „Aufmerksamkeit" für die Kleinen. So ist ein Buch entstanden, das für beide – Eltern und Kinder – spannend ist. Ich wünsche Ihnen viel Spaß mit der astrologischen Beschreibung Ihres kleinen Mond-Schatzes! Und Ihrem Kind viel Vergnügen mit den Vorlese- und Lerngeschichten.*

Ihre

INHALT

WELCHES MONDKIND HABEN SIE?

In der Astrologie symbolisiert der Mond die Gefühlswelt, die Wünsche und Sehnsüchte, die emotionalen Bedürfnisse. Das Mondzeichen soll aber vor allem verraten, was ein Mensch zu seiner inneren Sicherheit braucht, die Grundvoraussetzung für eine reife, verständnisvolle und starke Persönlichkeit ist. Stellen Sie sich einmal all die Eindrücke vor, die auf Ihr Kind einstürmen. Ein buntes Sammelsurium von Farben, Formen, Gerüchen, Geschmäckern, Stimmen, von Liebe, Vertrauen und Geborgenheit. Ein Kind fühlt, hört, schmeckt, riecht und tastet meiner Ansicht nach zunächst einmal mit seinem Herzen. „Das ist angenehm!" meldet ihm vielleicht sein Gefühl – und es quietscht vor Vergnügen. Oder aber eine Alarmglocke bimmelt: „Oh, das ist unangenehm!" – und das Kind weint und sucht den Schutz der Mutter oder des Vaters. Toll, wenn man seine Vorlieben oder Abneigungen (er)kennt und danach handelt. Aber was geschieht, wenn ihm seine durchaus fürsorglich denkende Mutter nun das Gegenteil „beweist", weil sie selbst anders darüber denkt? Das Kind gerät in einen inneren Konflikt. Es hat Zweifel an seiner eigenen Wahrnehmung. Es wird in eine Richtung gelenkt, in die es von seinen Anlagen her – astrologisch betrachtet – gar nicht gehen möchte und auch nicht gehen soll.

Verstehen Sie Ihr Kind – ohne große Worte

Genau darum geht es in diesem Buch: Was will Ihr Kind? Welche Anlagen und Eigenheiten hat ihm der Mond mit auf den Lebensweg

gegeben? Was ist seiner Entwicklung förderlich? Was gefällt ihm? Und was nicht? Was ist typisch für sein Mondzeichen? Wonach sehnt es sich? Und was verletzt es? Über das Zeichen, in dem der Mond auf seiner allmonatlichen Wanderung durch den Tierkreis zum Zeitpunkt der Geburt Ihres Kindes stand, erfahren Sie die Antworten auf diese Fragen.

Um das Mondzeichen Ihres Kindes herauszufinden, müssen Sie eine kleine Berechnung anstellen. Keine schwierige. Die folgenden drei Tabellen helfen Ihnen dabei.

So wird's gemacht

● In Tabelle 1 finden Sie neben dem Geburtsjahr Ihres Kindes die *Jahreskennziffer*. Schreiben Sie diese auf ein Blatt Papier. *Achtung:* Wurde Ihr Kind in einem Schaltjahr geboren (ein durch vier ohne Rest teilbarer Jahrgang wie etwa 1992), müssen Sie zum Ergebnis nochmals 1 addieren.

● In Tabelle 2 finden Sie neben seinem Geburtsmonat die *Monatskennziffer*. Diese addieren Sie zur *Jahreskennziffer*.

● Zu diesem Ergebnis addieren Sie nun noch die *Ziffer oder Zahl seines Geburtstages*.

Beispiel: Ihr Schatz wurde am 15. April geboren. Zählen Sie also 15 hinzu.

● Von der erhaltenen Gesamtsumme ziehen Sie nun den größtmöglichen der folgenden Werte ab: 27 oder 55 oder 82. Ist die Summe kleiner als 27, gilt die Zahl bereits als Endergebnis.

● In Tabelle 3 finden Sie neben dem Endergebnis das entsprechende Mondzeichen.

Beispiel: Gesucht ist das Mondzeichen meines jüngsten Sohnes David, der am 30. 11. 1994 geboren wurde.

Jahreskennziffer für 1994:	9
+ Monatskennziffer für November:	3
+ Geburtstag:	30
	—
Gesamtsumme:	42
Abziehbar:	27
	—
Endergebnis:	15

Die Zahl 15 entspricht dem Mondstand Waage.

Hinweis: Diese Berechnungsart ist vereinfacht und läßt die genaue Geburtsstunde außer acht. Eine Abweichung um eine Position ist deshalb in einzelnen Fällen möglich. Wer Zweifel hat, kann anhand von Planetenstandtabellen den exakten Mondstand bestimmen. Oder aber Sie wenden sich an den Verlag (Adresse siehe Seite 128), der Ihre Anfrage umgehend an mich weiterleiten wird.

Tabelle 1: Jahreskennziffern

1983: 8	1990: 24	1997: 13	2004: 25
1984: 18	1991: 7	1998: 22	2005: 9
1985: 1	1992: 17	1999: 5	2006: 18
1986: 11	1993: 27	2000: 15	2007: 0
1987: 21	1994: 9	2001: 25	2008: 9
1988: 4	1995: 20	2002: 7	2009: 19
1989: 14	1996: 2	2003: 16	2010: 23

Tabelle 2: Monatskennziffern

Januar:	0	Juli:	17
Februar:	4	August:	21
März:	4	September:	24
April:	8	Oktober:	27
Mai:	11	November:	3
Juni:	14	Dezember:	6

Tabelle 3: Zuordnung von Kennziffern zu Mondzeichen

0, 1, 27, 28:	Widder	14, 15:	Waage
2, 3, 4:	Stier	16, 17:	Skorpion
5, 6:	Zwillinge	18, 19:	Schütze
7, 8:	Krebs	20, 21, 22:	Steinbock
9, 10:	Löwe	23, 24:	Wassermann
11, 12, 13:	Jungfrau	25, 26:	Fische

Sebastian 29.4. 83   1731 Schütze
Stephanie 13. 6. 86   1753 Jungfrau
Andreas 28. 7. 88   1505

Das Widder-Mondchen

WER IST HIER DER BOSS?

*Keine Frage: Ihr Widder-Mondchen natürlich. Es weiß genau,
was es will. Aber auch, was es nicht will! Wobei es gar keine Rolle spielt,
ob Sie einen Jungen oder ein Mädchen im Mondzeichen Widder
zur Welt gebracht haben. Auch die kleinen Damen sind von solch einer
Entschiedenheit, daß man sich nur wundern kann …*

Geschafft! Die Geburt ist überstanden, und Ihr Widder-Mondkind liegt nach all den Anstrengungen gebadet und gewickelt in Ihrem Arm oder in seinem Bettchen. Es schläft. Rund und rosig sieht es aus. So unschuldig. Unschuldig? Glauben Sie's nicht. Ihr Widder-Mondchen hat es faustdick hinter seinen süßen Öhrchen! Wenn Sie nämlich genau hinsehen, entdecken Sie auf seinem rosigen Gesichtchen ein winziges Lächeln. Irgendwie spitzbübisch. „Ich bin da!" könnte das heißen. Und: „Paßt auf, jetzt geht der Spaß erst richtig los!" Genießen Sie also die Ruhe. Denn um es gleich vorwegzunehmen: Es werden auf viele Jahre hinaus höchstwahrscheinlich die letzten ruhigen Stunden sein, in denen Sie Ihren Gedanken nachhängen können. Widder-Mondchen sind mit die aktivsten Säuglinge, die temperamentvollsten Kleinkinder und die abenteuerlustigsten Kinder und Teenager!

Zum Glück hat es die Natur aber so eingerichtet, daß überdurchschnittlich häufig sehr nervenstarke, geduldige und mit reichlich Humor gesegnete Mütter Widder-Mondkinder bekommen. Oder eben solche, die selbst eine starke Widder-Besetzung in ihrem Horoskop haben, so daß sie mit der Power ihres Babys mühelos Schritt halten können.

Ich kenne eine Hebamme, die behauptet, Widder-Mondchen schon am Schreien zu erkennen. Nicht, daß diese Temperamentsbündel lauter schreien würden als die anderen Säuglinge. Nein: Widder-Mondchen haben einfach eine größere Ausdauer. Ihr Schreien ist klar und deutlich, niemals quengelig. Und es hört sich irgendwie immer nach einem Befehl an: „Holt mich hier raus!" Von der ersten Lebensstunde an sind Widder-Mondchen kleine Kämpfer, die nichts mehr hassen, als links liegengelassen zu werden. Natürlich schreien sie, um auf ihren Hunger aufmerksam zu machen. Sehr oft aber auch, weil sie mit dabeisein wollen. Bloß nichts verpassen! Wer ist hier der Boß? Keine Frage, das Regiment führt ab sofort Ihr kleines Widderchen! Wobei es überhaupt keine Rolle spielt, ob Sie einen Jungen oder ein Mädchen im Mondzeichen Widder zur Welt gebracht haben. Auch die kleinen Damen sind von solch einer Entschiedenheit, daß man sich nur wundern kann.

Nichts ist sicher vor dem Widderchen ...

Räumen Sie alles aus dem Weg, was wackeln, umfallen und Ihr Baby verletzten könnte. Denn im Gegensatz zu einigen anderen Zeichen beginnt Ihr Widder-Mondchen innerhalb kürzester Zeit kullernd und rutschend seine kleine Welt zu erkunden. Nichts, was

nicht interessant wäre! Passen Sie auf bei Verletzungen im Gesicht und am Kopf. Widderchen sind prädestiniert für Unfälle im Kopfbereich – das ganze Leben lang. Absolute Vorsicht bei Verbrühungen und Verbrennungen: Alles, was heiß ist, dampft oder leuchtet, lockt ein Widder-Mondchen magisch an. Daß es seine winzige Hand hineinsteckt, ist klar. Glauben Sie aber bloß nicht, daß ihm der Schmerz eine Lehre ist. Ganz im Gegenteil. Klein-Widder wird versuchen, seinen eigenen Rekord zu brechen! Das Gleiche gilt für alles Verbotene. Sie können tausendmal „Nein, nein" sagen – die typische Widder-Reaktion wird sein, daß Ihnen Ihr Knirps trotzig seinen eigenen kleinen Finger entgegenstreckt, Sie hinreißend anstrahlt und im selben Moment und blitzschnell die gleiche Sache wieder anstellt. Versuchen Sie lieber, Ihr Kind abzulenken, ihm etwas Neues anzubieten. Damit haben Sie sicherlich mehr Erfolg. Glauben Sie auch nie, daß es noch zu klein ist, um Dinge zu erreichen, die verführerisch über ihm „schweben". Tischdeckenzipfel, Tischleuchten, Vorhänge – Ihr Wonneproppen erreicht alles, weil es alles erreichen will. Merken Sie sich das: weil es will. Denn mit Willen und – wie bereits gesagt – Ausdauer ist Ihr Widder-Mondchen über alle Maßen gesegnet. Sie hoffentlich auch!

„Fast-food" bevorzugt

Ist es aus dem Brust- oder Flaschenalter herausgewachsen und thront es stolz und erhaben in seinem Kinderstuhl, werden Sie nicht lange experimentieren müssen, um herauszufinden, was ihm schmeckt. Deftige und aufwendige Kost sind nicht Widderchens Sache. Weil sie ziemlich ungeduldig sind, mögen diese Mondkinder (auch in späteren Jahren) eher Schnellgerichte, Suppen, Nudelgerichte. Tip: Wenn Sie kochen, dann kochen Sie am besten gleich für mehrere Essen und frieren portionsweise ein. Noch ein gutgemeinter Rat: Hängen Sie nicht Ihrem Schatz, sondern sich selbst ein Lätzchen um. Und wundern Sie sich bitte nicht, wenn das Widder-Mondchen wütend mit dem Löffel auf den Tisch haut. Das ist

nämlich seine zweite Methode, Ihnen klarzumachen, daß dieses Gemüse ganz bestimmt nicht nach Babys Geschmack ist.

Hurra, ich kann laufen!

Das ist der erste große Triumph im Leben Ihres Kindes. Laufen können, sich fortbewegen, die Welt mit all ihren Formen, Farben und Gerüchen zu erkunden. Widderchen wird schon früh auf seinen eigenen zwei Beinchen stehen, früher laufen als andere. Und es wird eher sprechen. Ich kenne einige Widder-Mondchen, die mit kaum acht Monaten ein klares und deutliches „Mama!" sagten. Haben Sie das Ausrufezeichen bemerkt? Genauso hört sich Ihr Name nämlich in den nächsten zwanzig Jahren an. „Mama!", „Papa!" – immer mit Nachdruck.

Unternehmen Sie viel mit Ihrem Widderchen. Neue Eindrücke sind für Ihr Kind lebenswichtig. Im Laufstall verkümmert es. Es sei denn, Sie sorgen jeden Tag für ein neues Spielzeug. Einfacher und billiger ist es daher, lange Ausflüge mit ihm zu machen. Große Abenteuer von Anfang an: der Supermarkt, der Tierpark, der Kinderspielplatz. Selbst wenn Ihr Schatz noch zu klein ist, um mitzuspielen – er wird alles genauestens beobachten, speichern, sich merken. Achten Sie doch mal darauf: Dem Klettergerüst wird seine größte Aufmerksamkeit gelten. Widderchen will nämlich hoch hinaus – sowohl körperlich als auch geistig. Wenn sich um das Widderchen also was tut, wenn es andere Kinder toben sieht und hört, ist es zufrieden. Langeweile läßt sein Power-Seelchen abstumpfen.

Hilfe, Baby trotzt!

Und dann kommt es, das gefürchtete Trotzalter. Seltsamerweise wird Sie aber ausgerechnet Ihr Temperaments- und Willensbündel in dieser Phase nicht so sehr stressen. Widderchen spielt natürlich wie alle Kinder seine Macht aus, will seinen Willen durchsetzen und seine Grenzen (oder Ihre?) erkunden. Doch die Anfälle werden sich in Grenzen halten, nicht halb so lange dauern wie bei anderen Zeichen. Warum? Vielleicht, weil es Sie vom ersten Tag an gut erzogen hat und Sie um seinen eisernen Willen wissen. Außerdem spürt es sehr genau, wie weit es gehen kann. Merkt es, daß es mit Schreien und Brüllen, mit Stampfen und Treten nicht weiterkommt, wird es seine Strategie ändern. Jetzt zeigt es, welch großer Diplomat in ihm steckt: Widderchen wird Sie strahlend anlächeln, Ihnen

ein dickes Bussi geben, mit Ihnen kuscheln und schmusen – und letztendlich doch den Sieg davontragen.

Den Kleinkinderschuhen entwachsen, wird Ihr Widderchen schnell die Führung auch außerhalb Ihres Hauses übernehmen. Egal, ob Junge oder Mädchen – es wird der Boß der Kinderbande. Es wird ständig neue und großartige Spiele erfinden, am allerliebsten aber solche in der Art von „Räuber und Gendarm" oder „Cowboy und Indianer". Motto: Je wilder, je lieber. Wenn Sie also stolze Mutter, stolzer Vater eines Mädchens sind, dann versuchen Sie nicht, diesen kleinen Wildfang zu zähmen. Sie würden scheitern – oder das Kind in seiner Entwicklung einengen. Widderchen brauchen Bewegung, die Aktivität. Wollen Sie es in einem Sportverein anmelden, dann wählen Sie am besten eine Disziplin, in der es um die Einzelleistung geht. Also keine Mannschaftssportart wie Fußball oder Handball, sondern lieber Tennis, Bodenturnen oder Schwimmen. Um seine Phantasie anzuregen, sollten Sie ihm Bücher kaufen, in denen um eine gerechte Sache gekämpft wird. Oder in denen sich ein „Kleiner" gegen die große Welt zur Wehr setzt.

Ab in die Schule...

Disziplin ist nicht Widderchens Stärke. Und die Schul-Routine ist ihm in aller Regel verhaßt. So kommt es häufig vor, daß Widder-Mondchen in der Schule nicht ganz bei der Sache sind und auch die Hausaufgaben vernachlässigen. Immerhin gibt es tausend interessantere Dinge auf der Welt. Was tun? Fest steht, daß Widder-Mondchen eine sehr rasche Auffassungsgabe haben. Sie begreifen alles schnell und mögen es einfach nicht, ewig lange beim gleichen Thema zu bleiben. Sie sind eben zupackende Praktiker und keine brillanten Theoretiker. Es hilft dann nichts, Ihren

Widder-Mond zum Lernen zu zwingen. Ein wirksamer „Trick" ist dagegen, ihn bei seinem Ehrgeiz zu packen: Sagen Sie ihm, daß es Ihnen gar nichts ausmacht, daß es „langsamer" ist als die anderen, daß sie ihn „trotzdem lieb-haben", auch wenn er nicht so schnell lernt. Glauben Sie mir, Ihr Widder-Mondkind wird sich sofort auf seinen Hosenboden setzen und Ihnen beweisen, wie schnell und wie gut es seine Hausaufgaben machen kann. Ein ande-rer soll besser sein? Wie kommen Mama und Papa nur auf solch eine blöde Idee?!

Sicher ist auch, daß Ihr Widder-Kind eine große Wißbegierde hat. Wenn es älter ist, wird es nebenher die Bücher nur so verschlingen. Wahrscheinlich Sachbücher über ein Thema, das es interessiert (Tiere und Maschinen!). Trotzdem wird es sich gegen ein Studium zur Wehr setzen. Widderchen würde am liebsten mit sechzehn die Schule schmeißen und die Welt mit seinen hochfliegenden Plänen ver-ändern. Reden Sie dann viel und oft mit ihm. Entscheidet es sich letztendlich für ein Stu-dium, wird es die Studienjahre vermutlich schneller als alle anderen durchziehen – schon

alleine, um sich zu beweisen. Wehrt es sich allerdings mit Händen und Füßen dagegen, dann lassen Sie ihm seinen Willen. Es gibt viele Widder-Mondmenschen, die erst einen oder zwei Berufe gelernt und dann ein Stu-dium mit Bravour abgeschlossen haben.

Die Erziehung – eine Geduldsache

Und das meine ich wirklich so. Haben Sie Geduld mit Ihrem kleinen Wildfang. Schrän-ken Sie seine Aktivität nicht ein, sondern machen Sie mit. Viele Verbote und Zwang – damit erreicht man bei Widder-Monden nichts. Weder bei den ganz kleinen noch bei den großen. Und wird ein Widder-Mondchen in seinen ersten Lebensjahren zu „preußisch" angepackt, kann es zu seiner Verteidigung einen leicht grausamen Zug entwickeln. Oder aber es resigniert. Befehlen Sie ihm nichts, sondern bitten Sie stets mit einem freundli-chen Lächeln. Das funktioniert in den meisten Fällen – und schont überdies Ihre Nerven.

Wenn Ihr Schatz auch wild und voller Tempe-rament ist – unter der oft rauhen Schale pocht ein durch und durch weiches Herz. Sie stau-nen? Doch, es ist die pure Wahrheit. Ein Widderchen wird alles teilen, was es hat – nur wenn man es verletzt oder ihm das Spielzeug gewaltsam wegnimmt, wird es böse. Es hat wenig Geduld. Weder mit seinen eigenen Gefühlen noch mit denen anderer. So schieben Widderchen-Monde Gefühle oft beiseite, indem sie sich in immer neue Aktivitäten flüchten. Kann ein Widderchen seinen Kopf nicht durchsetzen, wird es erst einmal krebs-rot, dann ärgerlich und schließlich stocksauer. Gewöhnlich verraucht der Ärger aber ziemlich schnell wieder, da es gleich wieder ein anderes Spiel erfindet oder ein neues Spielzeug ent-deckt, das es ablenkt. Furcht, Trauer oder Ver-letzlichkeit wird man an einem Widder-

Mondkind selten bemerken. Es versteckt diese „weichen" Gefühle oft hinter einer starken Maske. Deshalb der Tip: Wenn Sie bemerken, daß sich Ihr Kind ängstigt, über den Verlust eines Spielzeugs trauert oder verletzt wurde, trösten Sie es vor allem mit Ihrer Nähe. Streichen Sie ihm über den Kopf, nehmen Sie es liebevoll in den Arm. Denn das Allerwichtigste für ein Widderchen ist das Vertrauen!

Lassen Sie ihm schon früh die Möglichkeit, seine Umgebung zu erforschen, von Ihnen weg zu krabbeln. Sein Freiheitsdrang ist übermächtig und sollte nicht unterbunden werden. Und auch seine Unabhängigkeit will es bewahren. Doch immer im sicheren Wissen, daß Sie in der Nähe sind. Erdrücken Sie es nicht mit Ihrer Obhut, sondern lassen Sie ihm die berühmte lange Leine. Das Widderchen wird immer zurückkommen. Dankbar dafür, daß Sie ihm vertraut haben. Und noch etwas ist wichtig für die gute Entwicklung dieses starken Charakters: Respekt. Wenn ein Widder-Mondkind Sie respektiert, wird es alles für Sie tun und sogar das sein, was man gemeinhin „artig" nennt. Dazu gehört allerdings, daß Sie es häufig loben. Bei Lob blüht es auf und verdoppelt seine Anstrengungen. Tadel bewirkt oft nur Trotzreaktionen. Häufige Kritik läßt es jedes Interesse versiegen.

14

WIDDER-MONDCHENS BESTE FREUNDE

Ganz klar: Der beste Freund des Widder-Mondchens ist der, der ihm den nötigen Respekt zollt. Wer das ist (außer Ihnen natürlich)? Gut versteht sich Ihr kleiner Schatz mit den quirligen Zwillinge-Monden, den ebenso energischen Löwe-Monden und den temperamentvollen Schütze-Monden. Den Beschützer spielt er für die feinfühligen Wasserzeichen Fische und Krebs. Heikel: die Freundschaft zu Skorpion-Monden. Hier können öfter die Fetzen fliegen, weil Skorpione sich von Natur aus gegen Autoritäten auflehnen. Und seien sie noch so klein.

Spiel, Spaß, Spannung

Einem Widder-Baby kann man mit einem Stoffpüppchen nicht kommen. Schon als Säugling liebt es raschelndes, knisterndes, schepperndes Spielzeug. Rasseln und Glöckchen regen es mehr an als Schmusetierchen. Und farbig muß alles sein. Am liebsten schreiend bunt. Rot ist die Lieblingsfarbe, dicht gefolgt von einem satten Blau und einem lebhaften Gelb. Hängen Sie ein Mobile über sein Bettchen – aber bitte eines, das eine Melodie spielt. Bunte Bilder wird es lange und intensiv betrachten. Etwas älter, bevorzugen Widder-Kinder (Jungs wie Mädchen) alles, was Krach macht (die berühmte Babytrommel) und was sich bewegt: Bälle, Autos, Flugzeuge – allem wird begeistert hinterhergejagt. So ergibt sich von selbst, daß Widderchen vor allem bequeme Kleidung brauchen, die ihnen die größtmögliche Bewegungsfreiheit lassen. Regelrechte Zwangsjacken sind für Widderkinder hübsche Anzüge oder Spitzenkleidchen, die man nicht bekleckern und nicht schmutzig machen darf. Wählen Sie beim Kleiderkauf lieber Jogginganzüge, Jeans und Sweat-Shirts, die strapazierfähig, einfach zu waschen und auch sonst pflegeleicht sind. Gehen Sie bitte in jedem Fall davon aus, daß Risse und Löcher eher die Regel als die Ausnahme sein werden.

Zeit der Zärtlichkeit

Wie jedes andere Kind braucht auch Ihres Nähe, Ur-Vertrauen und Zärtlichkeit. Allerdings fallen die Schmuserunden Ihres Widderchens wesentlich kürzer aus als die eines Fischleins oder einer Waage. Es wird natürlich auch oft weinend in Ihre beschützenden Arme flüchten, doch wird es ebenso schnell wieder lachen und auf und davon rennen. Erdrücken Sie es nicht mit Liebe. Zärtliche Balgereien, Raufereien und wildes gemeinsames (!) Herumtoben sind für ein Widder-Kind viel eher Mittel zum Berührungszweck. (Kinder-) Krankheiten bringen Widder-Mondchen schneller hinter sich als andere, zartere Zeichen. Natürlich braucht es während der Krankheitstage Ihre volle Aufmerksamkeit und Fürsorge – doch am schnellsten genesen

die Widder-Winzlinge, wenn man ihnen ihre Ruhe läßt. Dann erwacht nämlich der berühmte Widder-Kampfgeist, der Krankheit von früh an als Schwäche betrachtet. Und schwach? Nein, schwach ist Ihr Liebling ganz und gar nicht. Er ist ein Kämpfer und ein richtiges kleines Power-Paket, das Sie zwar ordentlich auf Trab hält, aber andererseits auch dafür sorgt, daß Sie jung und fit bleiben.

Wie Mimo den Wind befreite

Mimo lebte mit seinen Eltern in einem schönen Häuschen am Rand einer kleinen Stadt. Rund um das Häuschen war ein Garten, den Mimos Mama liebevoll pflegte. Dort gab es Blumen, Kräuter, Gemüse und vier Obstbäume. Auf dem einen wuchsen Kirschen, auf dem nächsten Pflaumen, auf dem dritten Äpfel und auf dem vierten Birnen. Wenn die Früchte reif wurden, durfte Mimo auf eine Leiter klettern und das Obst in einen Korb ernten. Von der obersten Sprosse aus konnte Mimo die Burg sehen, die oberhalb der kleinen Stadt auf einem Hügel stand. Man erzählte sich, daß dort ein Geist wohnte, der aber erst abends aufwachte und dann sein Unwesen trieb. Tagsüber besuchten viele Menschen die Burg und besichtigten die alten Räume und die vielen Türme.

An einem schönen Sommerabend gaben Mimos Eltern ein Fest für ihre Freunde. Es wurde gegrillt und gelacht. Doch Mimo war es unter all den Erwachsenen ziemlich langweilig. Da hatte er eine Idee: Er kletterte die Leiter hoch, die noch am Kirschbaum stand, und schaute angestrengt durch die Dunkelheit hinauf zur Burg. Lange tat sich nichts. Doch auf einmal sah er ein Licht hinter einem der großen Burgfenster. Es bewegte sich und schien durch die Räume zu schweben. Ganz

aufgeregt hielt sich Mimo an der Leiter fest. Dann kletterte er wieder herunter, schlich sich ins Haus und holte die große Taschenlampe aus Papas Werkzeugschrank. Die packte er in seinen Rucksack, den er sich auf den Rücken schnallte. Leise öffnete er die Haustür und machte sich auf den Weg zur Burg. Fast eine Stunde mußte er laufen, bis er oben ankam. Es war stockdunkel, denn eine dicke Wolke hatte sich vor den Mond geschoben. Zum Glück hatte er an die Taschenlampe gedacht! Er marschierte mutig durch das Burgtor. Na ja, ein bißchen Angst hatte Mimo schon so allein auf der Geisterburg. Aber er war sehr neugierig und wollte unbedingt den Geist sehen. Hui, was war das? Plötzlich flog etwas Weiches an

seinem Kopf vorbei. „Das war nur eine Fledermaus. Die tut mir nichts!" beruhigte sich Mimo selbst und lief weiter zu dem Turm, hinter dessen Fenstern er das Licht gesehen hatte. Nichts zu sehen. Mimo machte die Taschenlampe aus und versteckte sich hinter einer Mauer. Er wartete. Und wartete. Die dunkle Wolke vor dem Mond verschwand, und der tauchte die Ruine nun in ein fahles, weißes Licht. Da – ein Geräusch. Hörte sich an wie ein leises Seufzen. Und dann kam der Geist. Er war ganz weiß und trug ein langes Kleid. In seiner rechten Hand hielt er eine Kerze. Oh, wie unheimlich! Mimo zitterte am ganzen Körper. Ein Windhauch strich ihm übers Haar – und blies die Kerze aus. Oh, da wurde der Geist böse. Er schimpfte und fuchtelte wild herum. Dann rief er außer sich vor Zorn: „Auf immer sollst du oben im Turmzimmer eingesperrt sein, du dummer Wind! Immer pustest du meine Kerzen aus. Damit ist jetzt Schluß! Du bist mein Gefangener – und nur ich weiß, wo du bist!"

Von da an war es ganz still auf der Welt. Kein Lüftchen bewegte mehr die Blätter in den Bäumen. Kein Samenkorn flog mehr durch die Luft. Es war, als wäre die Erde stehen geblieben. „Oje", dachte Mimo, „wenn es keinen Wind mehr gibt, dann können die Regenwolken nicht mehr ziehen. Dann gibt es für uns Menschen, für die Tiere und die Pflanzen gar kein Wasser mehr. Wir werden alle verdursten. Und dann werden die Samenkörner nicht mehr fortgetragen, und die Wälder und die Wiesen werden kahl. Was soll ich nur tun?" Mimo dachte angestrengt nach. „Ich muß den Wind befreien, aber wie?"

Mimo schmiedete einen Plan. Als der Geist um die Ecke verschwunden war, kam Mimo hinter der Mauer hervor. Er rannte schnell zu dem Turm, in dem sich das Turmzimmer befand, wo der Wind nun eingesperrt war. Er kletterte die Stufen hoch, drehte den alten

Schlüssel in dem verrosteten Schloß und stieß die Türe auf. „Huuh", machte der Wind, als er durch die Türe hinausflog. Und Mimo glaubte sogar, ein leises „Danke!" gehört zu haben.

„Wer hat den Wind befreit", schrie es mit einem Mal unten im Burghof. Wütend kam der Geist die Treppe hochgefegt und sah die Turmzimmertür weit offen stehen. Er schwebte hinein, schaute sich um – und rumsbums fiel die Türe hinter ihm ins Schloß. „Knirsch", machte der Schlüssel, und der Geist war eingesperrt. Mimo hatte sich nämlich hinter der offenen Türe versteckt und nur darauf gewartet, daß der Geist ins Zimmer schwebte. Dann rannte er schnell hinaus und zog die Türe hinter sich zu. Ein toller Plan!

„Laß mich raus, laß mich raus!" rief der Geist. Aber Mimo steckte den Schlüssel in seinen Rucksack und lief blitzschnell die Treppe hinunter und durch das Burgtor hinaus. Draußen stellte er sich unter den Turm und rief hinauf: „Da sollst du nun drin bleiben. Dann kannst du den Wind nie mehr einsperren. Und niemanden mehr erschrecken!"

Ganz außer Atem kam Mimo zu Hause an. Seine Eltern feierten noch immer. Niemand hatte bemerkt, daß Mimo weg war und solch ein Abenteuer erlebt hatte. Müde legte sich Mimo in sein Bett und träumte in dieser Nacht natürlich von Geistern und von Fledermäusen, vom Wind und von hohen Turmzimmern. Am nächsten Morgen aber, noch bevor er frühstückte, ging Mimo in den Garten und grub ein tiefes Loch. Dort hinein legte er den Schlüssel. Zufrieden warf er Erde darüber und dachte: „Jetzt wird es für immer und ewig Wind geben auf der Welt!"

17

Das Stier-Mondchen

SANFTER ENGEL MIT KLEINEN HÖRNERN

Es kann ganz schön stur sein. Aber auch herrlich zärtlich.
Es schmust für sein Leben gern. Und geht doch seinen eigenen Weg.
Stier-Mondchen sind kleine Genießer – und große Schmeichler.
Wer kann einem Stierchen widerstehen? Mama und Papa
ganz bestimmt nicht!

Zur Einstimmung eine kleine, ganz alltägliche Szene: Vater und Mutter sitzen mit dem Stier-Mondchen am Tisch. Es ist gerade einmal ein Jahr alt, hat Hunger und dies auch lauthals kundgetan. Die Mama hat Gemüse gekocht. „Hmmm, feines Gemüse", sagt sie und nähert sich mit dem Löffel dem wohlgeformten Mündchen. Stier-Mondchen schaut auf den Löffel, kneift den Mund zusammen – und schüttelt den Kopf. „Schau mal, wie schön die Karöttchen leuchten!" Doch Stier-Mondchen bleibt unbeeindruckt – und schüttelt den Kopf. „Komm, einen Löffel für die Mama!" Stier-Mondchen kneift den Mund noch fester zusammen – und schüttelt wieder den Kopf. Inzwischen hat es seine Arme vor der Brust verschränkt. „Komm, laß mich mal probieren", sagt der Papa. „Hmmm, feines Gemüse! Das ist gesund!" Stier-Mondchen guckt den Papa an, schaut auf den Löffel – und kneift den Mund noch fester zusammen. Jetzt sieht man nur noch einen dünnen Strich. Letzter Versuch (das weiß der Papa aber noch nicht): „Komm, mein Schatz, davon wird man groß und stark!" Jetzt läuft das Gesichtchen dunkelrot an, und es ertönt ein Geschrei, das sämtliche Nachbarn im Haus alarmiert. Mama besänftigt. Ihr Mutterinstinkt sagt ihr, daß

Stier-Mondchen keine Lust auf Gemüse hat. „Was möchtest du denn?" Stier-Mondchen öffnet zum erstenmal sein Mündchen und verkündet: „Mamalade!" Was wir daraus lernen? Genau: daß Stier-Mondchen sich zu nichts zwingen oder überreden lassen, worauf sie keine Lust haben.

Stur, aber romantisch ...

Manche nennen es Sturheit, andere Dickschädeligkeit, ich nenne es schlicht und einfach einen eigenen Kopf. Und den hat Ihr Stier-Mondchen von der ersten Lebenssekunde an. Glauben Sie nicht, daß es an der rechten Brust nuckelt, wenn es ihm an der linken besser gefällt. Oder umgekehrt. Versuchen Sie auch erst gar nicht, es in das Winterjäckchen zu zwängen. Wenn Stier-Mondchen keine Lust hat auszugehen, wird es einfach die Arme verschränken und abwarten, bis Sie eine bessere Idee haben, wie man den Nachmittag verbringen könnte.

Doch davon einmal abgesehen: Es ist eine einzige Freude, ein Stier-Mondchen im Arm zu halten, es großzuziehen, es zu formen und zu erziehen. Fragt man die Eltern (und läßt man den Dickkopf außer acht), dann berichten sie von zärtlichen, anschmiegsamen Babys, die nichts mehr lieben, als mit Mama und Papa zu schmusen. Und so ist es tatsächlich. Von Geburt an sind Stier-Mondchen sinnlich. Der Duft der Mutter ist für sie das beste Parfum, die Stimme des Vaters die schönste Melodie. Kitschig? Nein. Höchstens romantisch. Denn auch damit sind Stier-Mondchen gesegnet.

Der Stier, das bequeme Gewohnheitstier

Aus der Klinik entlassen, wird das Stier-Mondchen in den ersten Tagen sicherlich etwas unruhig sein. Das liegt vor allem daran, daß es

nämlich sehr schnell, daß es auf Mamas Schoß oder auf Papas Arm sehr viel schöner ist als im Laufstall oder in der Babywippe. Animieren Sie es mit bunten großen Bällen zum Hinterherkrabbeln. Setzen Sie es vor einen bunten Klötzchenturm, der herrlich krachend in sich zusammenfällt, wenn das Füßchen daran stößt. Aber zwingen Sie es nicht. Niemals. Sie werden nichts erreichen. Wenn Sie merken, daß Baby keine Lust zum Sitzen hat, legen Sie es hin. Kullern Sie es nach rechts und nach links. Das gefällt ihm. Weil es Ihre Hand spürt. Und Ihre Fürsorge.

Und plötzlich läuft das Stierchen

Ganz unvermutet steht das Stierchen auf und läuft! Das geschieht recht häufig. Monatelang warten Sie geduldig (!!) auf den ersten Schritt. Nichts. Und dann holen Sie es morgens aus dem Bettchen, geben ihm sein Frühstücksfläschchen und setzen es dorthin, wo es gerne spielt. Sie gehen in die Küche, um abzuwaschen. Plötzlich zupft etwas an Ihrer Hose. Fallen Sie nicht in Ohnmacht: Es ist nur Ihr Spatz, der nach reiflicher Überlegung zu dem Schluß kam, daß Laufen doch nicht so übel ist.

Und dann geht es richtig los. Sie werden Stierchen kaum mehr wiedererkennen. Ihr ruhiges, friedliches und zufriedenes Kind entpuppt sich als kleiner Wildfang, der erst einmal nachholen möchte, was er wochenlang versäumt hat! Und welchen Unfug hat er im Kopf! Verschließen Sie Ihre wertvollen Dinge, denn jetzt ist nichts mehr sicher. Wobei es beim Stier-Zeichen kleine Unterschiede zwischen Jungs und Mädels gibt. Die Jungs sind echte Jungs. Wild, ungestüm, abenteuerlustig. Die Stier-Mädchen aber werden weitaus ruhiger sein, sich liebevoll um ihre Puppen kümmern. Natürlich gibt es auch unter den Stier-Mädchen richtige kleine Rabauken. Doch die

aus seiner „gewohnten" Umgebung herausgerissen wurde. Stier-Monde sind nämlich Gewohnheitstiere. Am besten hilft dem süßen und in der Regel auch kugelrunden Säugling in dieser Zeit die Nähe der Mutter. Denn die fremden Gerüche, die neuen Geräusche und Stimmen verunsichern Stierchen. Sprechen Sie oft mit ihm, auch wenn Sie in der Küche hantieren oder im Badezimmer sind. Ihre Stimme wird es beruhigen. Sagen Sie am besten die Dinge, die Sie in den ersten Tagen nach der Entbindung in das süße Ohr geflüstert haben. Oder summen Sie eine Melodie. Das gefällt Stier-Mondchen ganz besonders gut. Es ist auch ein guter Gedanke, Ihrem kleinen, sinnenfreudigen Schatz als Einschlafhilfe ein klassisches Musikstück vorzuspielen. Was genau, ist eigentlich egal, wichtig dabei ist, daß es ein Stück mit gleichbleibender Lautstärke ist. In Forschungen hat sich nämlich gezeigt, daß ständiges Lauter und Leiser Babys den letzten Nerv und somit auch den Schlaf raubt. Und Ihnen letztlich auch.

Möglich, daß Ihr Stierchen etwas später als andere sitzen und krabbeln lernt. Das liegt weniger an seinen Fähigkeiten als vielmehr an seiner Bequemlichkeit. Stierchen begreifen

21

sind eher die Ausnahme. In einem aber sind beide gleich. Sowohl die Jungs wie auch die Mädchen sind mit reichlich Charme gesegnet. Den setzen sie ein, wann immer es nötig ist. Beobachten Sie doch mal, wie gekonnt Ihr Stier-Mädchen mit dem Papa flirtet, ihn um den Finger wickelt, wenn es darum geht, etwas zu bekommen. Jungs stehen ihnen im übrigen nicht im geringsten nach. Ein hinreißender Augenaufschlag – und um jede Mama ist es geschehen!

Was schmeckt dem Baby-Stier?

Stier-Monde mögen's gerne deftig. Bratkartoffeln stehen sicherlich ganz oben auf der Essens-Hitliste. Und dann: Kartoffelbrei mit Soße, Würstchen, Knödel. Aber Vorsicht: Stierchen neigen oft dazu, füllig zu werden. Natürlich verliert sich der Babyspeck, doch sollten Sie frühzeitig darauf achten, daß es gesund und ausgewogen ernährt wird. Und: Nicht zuviel Süßes! Kuchen, Schokolade, Kekse, Waffeln und Eis stehen bei Stierchen nämlich ebenso hoch im Kurs. Sie sind eben auch hier Genießer.

Ich will, ich will!

Zwischen dem zweiten und dritten Lebensjahr werden auch Sie an Ihrem Kind eine Wandlung bemerken. Denn natürlich bleibt auch Ihr Schatz (und Sie) von der berüchtigten Trotzphase nicht verschont. Doch keine Bange: Weil Stierchen in aller Regel recht ausgeglichene Naturen sind, halten sich die Zornesausbrüche im Rahmen. Sicherlich werden auch Sie häufiger ein aufgebrachtes „Ich will! Ich will!" hören, begleitet von hysterischem Gebrüll oder trotzigem Füßestampfen – doch es wird nicht halb so häufig vorkommen wie zum Beispiel bei Widder- oder Löwe-Monden. Kein Trost? Doch. Denn Sie können die

recht seltenen Ausbrüche auch noch ziemlich leicht in den Griff bekommen. Mit Sanftmut – und mit vernünftigen Erklärungen. Sie runzeln jetzt sicherlich die Stirn. Wie soll man einem Kleinkind etwas vernünftig erklären, fragen Sie? Doch, es funktioniert. Probieren Sie es aus. Denn Stierchen sind früher reif als andere und von Natur aus „Verstandesmenschen". Wenn es also partout nicht ins Bett möchte, schreit, lärmt, stampft, dann erklären Sie ihm, warum es wichtig ist zu schlafen. Etwa so: „Schau, jetzt machen wir das Licht aus, damit du besser schlafen kannst. Wenn du nämlich nicht schläfst, bist du morgen furchtbar müde. Viel zu müde zum Spielen." Das wird Klein-Stierchen einleuchten. Und ich bin mir sicher: Schneller, als Sie denken, liegt es in seinem Bettchen.

Wenn Sie Freunde oder Bekannte besuchen, sollten Sie nie den Fehler begehen, Ihren kleinen Stier in den Mittelpunkt zu stellen. Das ist diesen kleinen Persönchen absolut zuwider. Höchstwahrscheinlich wird es, auch wenn es schon mit zwei Jahren gut und deutlich spricht, stumm wie ein Fisch dastehen. Lassen Sie es lieber in Ruhe. Und genießen Sie die (neidischen) Komplimente Ihrer Freunde über das ruhige und liebe Kind, das da so versunken sitzt und spielt.

Musische Genüsse gefragt

Großen Spaß haben Stier-Mondchen – wie gesagt – an Musik, Gesang und Farben. In vielen schlummert sogar ein ausgeprägtes musisches Talent, was man hinter der vernünftigen Fassade oft gar nicht vermutet. Es ist sicherlich kein schlechter Rat, wenn Sie Ihr Stierchen schon früh musikalisch oder kreativ fördern. Vielleicht gibt es in Ihrer Nähe eine Kleinkinder-Musikschule? Testen Sie doch mal, ob es Ihrem Schatz dort gefällt. Auch

wird es ein eher ruhiger und artiger Schüler, der gewissenhaft seine Hausarbeiten erledigt und auch während des Unterrichts nicht stört. Dankbar dafür, daß keine hektischen Anrufe von verzweifelten Lehrern kommen, sollten Sie Ihrem Schatz nachsehen, daß er nicht unbedingt zu den Klassenersten gehört. Stierchen lernen nämlich normalerweise langsamer. Aber dafür intensiver. Was ein Stier-Mond einmal gelernt hat, vergißt er nie wieder. Das ist natürlich ein großes Plus, wenn es um Prüfungen geht. Sowohl die Mädchen als auch die Jungs mit diesem Mondzeichen bereiten sich sehr gut darauf vor. Sie lernen – im Gegensatz

sollten Sie stets Buntstifte und genügend Papier im Haus haben. Es wird begeistert in den Farben schwelgen.

Stier-Mondchen sind naturverbunden. Saftiges Gras, duftende Blumen, der Geruch von Holz und von Erde gefällt ihnen. Tiere sind ihre Leidenschaft. Falls Sie nicht selbst in einer ländlichen Gegend wohnen, dann sollten Sie sich diese Vorlieben für den nächsten Urlaub oder Ausflug vormerken. Verzichten Sie Ihrem Schatz zuliebe doch mal auf die Ferien am Meer. Wie wäre es mit einem Urlaub auf dem Bauernhof? Sicherlich werden Sie sich selbst dort auch gut erholen, denn Ihr Stierchen werden Sie in diesen Tagen oder Wochen kaum zu Gesicht bekommen. Es wird in den Ställen bei den Tieren sein, beim Füttern helfen, vielleicht bei der Kartoffelernte. Herrlich! Stierchen ist glücklich. Und Sie auch.

Der Ernst des Lebens wird ernst genommen

Und dann ist er da, der erste Schultag. Ihr Stierchen nimmt seine neuen Pflichten sehr ernst. Anders als Schütze- oder Löwe-Monde

---

STIER-MONDCHENS TRAUMBERUFE

Stier-Monde sind gewissenhaft, fleißig, treu und verantwortungsbewußt. Sie machen keine großen Worte, Taten sind ihnen wichtiger. Mit Geld kann der Stier-Mond bestens umgehen. So wäre eine Berufsmöglichkeit das Kreditwesen. Noch ein Beruf, den ein Stier, männlich oder weiblich, gerne und sicherlich zu aller Zufriedenheit ausüben könnte: Immobilienmakler. Garantiert hätte er (oder sie) innerhalb kürzester Zeit den Ruf, absolut integer, ehrlich und rechtschaffen zu sein. Denn Ehrlichkeit ist für den Stier-Mond so wichtig wie gute Manieren und Pflichterfüllung. Er würde keinem Menschen ein Haus verkaufen, das ein undichtes Dach hat. Entweder würde er dafür sorgen, daß neue Ziegel gelegt werden – oder aber er würde den Interessenten gleich als erstes darauf hinweisen. Dritte Möglichkeit: das Erziehungswesen. Stier-Monde haben ein Händchen für Kinder und viel Geduld darin, kleine Menschen zu formen und zu erziehen.

zu vielen anderen – nicht auswendig, sondern wollen wirklich begreifen. Und das sitzt dann tatsächlich ein Leben lang. Machen Sie die Probe aufs Exempel: Fragen Sie Ihr Kind nach einem Lied, das Sie ihm im Kleinkindalter beigebracht haben. Jede Wette: Es wird Ihnen noch Jahre später den genauen Wortlaut wiedergeben können!

Und noch ein Tip: Geben Sie Ihrem Stier-Kind zumindest in den ersten Schuljahren ein selbstgemachtes Pausenbrot mit. Schön belegt mit Gurke, Wurst oder Käse. Kräftig muß es sein. Hat ein Stierchen nämlich Geld in der Hand, wird es mit ziemlicher Sicherheit Süßigkeiten davon kaufen. Ein Trick: Neben dem Pausenbrot noch einen Keks oder eine Waffel einpacken. Sonst tauscht Stierchen sein Brot aus lauter Verlangen gegen einen Riegel Schokolade ein.

Doch kurz zurück zum Geld. Stier-Monde, wie auch Stier-Sonnen, lieben den Klang scheppernder Münzen im Geldbeutel. Es ist eine Tatsache, daß sich Stier-Monde höchst ungern von ihrem Geld trennen. Selbstverständlich wird in jungen Jahren so manche Mark in Schokolade oder Eiscreme „investiert", doch wird aufmerksamen Eltern

nicht entgehen, daß Stierchen erst einmal nach anderen Möglichkeiten suchen (wir sind wieder beim Charme!), an die süßen Verlockungen heranzukommen. So ist das Thema Taschengeld für Stier-Mond-Eltern eigentlich gar kein Thema. Stierchen wird seinen Schatz hüten – und Woche für Woche mehren. Ein Geschenk, das Stierchen große Freude macht – ganz klar: ein Sparschwein, dem bereits einige Münzen klingeln.

Stierchens Erziehung: Vernunft statt Zwang

Ihnen ist inzwischen klar, daß Stier-Mondchen störrisch sind. So störrisch, wie man es nur sein kann. Später wird man bewundernd sagen: ein Mensch mit Charakter. Doch zunächst einmal müssen Sie als Eltern mit der berühmten Stier-Sturheit klarkommen. Wie? Wie bereits erwähnt: mit Vernunft und Sanftmut. Man kann ein Stierchen nicht zwingen – aber man kann es überzeugen! Behalten Sie das im Hinterkopf. Für vernünftige Argumente ist ein Stier-Kind immer offen. Und sei es noch so jung. Eine hieb- und stichfeste Erklärung wird es immer akzeptieren, sich zu Herzen nehmen und danach handeln. Reine Befehle ignoriert es. Die größte Tugend Ihres Kindes: seine Geduld. Wie in der Eingangsszene beschrieben, hat es viel Geduld. Mit Ihnen, meine ich. Es läßt Sie ausprobieren, experimentieren. Und es dauert wirklich lange, bis es explodiert. Denken Sie an das rote Tuch, das einen Stier zur Weißglut treibt. Es dauert lange, bis ein Stierkind tobt oder schreit. Bedenken Sie das. Fragen Sie lieber gleich, was ihm nicht behagt, wenn es sich stur stellt. Fragen Sie nach seinem Wunsch. Und dann schließen Sie am besten einen Kompromiß. Stierchen mögen es, wenn man sie nach ihrer Meinung fragt. Und diese dann auch akzeptiert und respektiert.

STIER-MONDCHENS BESTE FREUNDE

Seiner eigenen friedlichen und eher zurückhaltenden Art am meisten entsprechen natürlich die beiden anderen Erd-Monde: Jungfrau und Steinbock. Doch auch mit den schöngeistigen Waagen kann ein Stierchen wunderbar Freundschaft schließen. Mit den Wasser-Monden Fische, Krebs und Skorpion tut sich das typische Stier-Mondchen etwas schwer. Die Träume und Luftschlösser dieser Kinder kann es nämlich schlecht nachempfinden. Turbulent wird es, wenn ein Stier-Mondchen mit einem Zwillinge-Mondchen zusammentrifft. Dann fliegen im Sandkasten erst einmal die Fetzen, bis geklärt ist, wer mit welchem Eimerchen spielt. Danach herrscht Friede. Und Stierchen ist begeistert von den tollen Ideen des quirligen Zwillings.

Spiel und Sport: Kraft und Ausdauer

Musisch, wie Ihr Kind veranlagt ist, sollten Sie ihm die Möglichkeit geben, seine Begabungen auszuleben. Die Musikschule habe ich bereits erwähnt. Zeichenkurse wären prima. Aber auch hier gilt: Lassen Sie Ihr Kind entscheiden. Vielleicht wünscht es sich ja insgeheim, daß Sie mit ihm singen? In der Badewanne vielleicht. Oder abends vor dem Zubettgehen. Körperlich läßt sich ein Stier-Kind vor allem für „langsamere" Sportarten begeistern und für solche, die Kraft erfordern. Kraft hat Ihr Stierchen nämlich mehr als genug. Beiden, Jungs wie Mädchen, gefällt Reiten. Und Golf (beginnen Sie mit Mini-Golf). Oft auch Geräteturnen. Laufen ist nicht immer ihr Ding. Und wenn, dann in reiferen Jahren Marathon.

Ein Bussi, bitte!

Er ist so süß, so rund und zufrieden – da fällt es jeder Mutter schwer, den kleinen Schatz ins Bettchen zu legen. Viel lieber würde sie den lieben langen Tag mit dem Wonneproppen schmusen. Stierchen sind für jede Art von Zärtlichkeit zu haben. Am allermeisten aber lieben sie es, wenn man sie im Nacken krault, ihnen in den Haaren wühlt oder sie einfach zärtlich an die Brust drückt. Dann kuscheln sie, gurren und schnurren vor Wohlbehagen. Wie kleine Kätzchen kugeln sie sich zusammen und genießen die Wärme und die Liebe der Mama und des Papas. Nähe ist für Stierchen lebenswichtig. Bekommen Sie nicht ausreichend Liebe, verkümmern sie, werden traurige Kinder, die in sich gekehrt, verschlossen und abweisend sind. Die beste Anschaffung für Babys erste Lebensmonate: ein Tragetuch, in dem das Kind an der elterlichen Brust lehnt und nichts als Geborgenheit spürt. Diese Stunden nimmt Ihrem kleinen Schatz niemand. Sie geben ihm Sicherheit und lassen in ihm Vertrauen und Stärke wachsen. Und Sie werden zwischen Ihnen und Ihrem Baby ein inniges, ewiges Band knüpfen.

Ein Tag auf dem Bauernhof

Sieben Uhr
Frühmorgens kräht der Hahn,
und jedes Huhn zeigt, was es kann.
Da kullert, eins, zwei, drei,
in jedes Nest ein Ei!

Acht Uhr
Es trippelt und trappelt im Bauernhaus.
Alle kommen aus den Betten raus:
Anna deckt den Frühstückstisch,
es gibt auch Brötchen – ofenfrisch!

Neun Uhr
Dann steigt der Bauer auf den Traktor.
Hans öffnet schnell das große Hoftor.
Hinaus geht's zur Feldarbeit –
es ist neun Uhr und höchste Zeit!

Zehn Uhr
Die Bäuerin wirft Körner aus.
Die Hühner picken alle auf.
Die Katze jagt 'ne kleine Maus,
die rettet sich ins Bauernhaus.

Elf Uhr
Um elf Uhr kocht die Bäuerin,
mit Zwiebeln, Erbsen, Möhren drin,
einen Eintopf – dick und fein!
Zum Schluß kommen auch noch Kräuter rein.

Zwölf Uhr
Es ist zwölf Uhr, und draußen rattert's.
Der Bauer kommt, der Traktor knattert.
„Schnell, kommt alle!" ruft die Mama,
„der Eintopf ist für alle da!"

Ein Uhr
Die Sonne brennt mit dreißig Grad.
Die Kinder freu'n sich auf ein Bad
im Teich, wo all die Enten schwimmen,
von weitem hört man frohe Stimmen.

Zwei Uhr
Der Bauer hämmert auf dem Dach –
schnell wird das Loch dort zugemacht.
Dann legt er noch 'ne Ziegel drauf –
jetzt macht der Regen nichts mehr aus!

Drei Uhr
Die Bäuerin backt 'nen feinen Kuchen.
Und unter den großen, alten Buchen
sitzt der Opa auf der Bank.
Er hält ein dickes Buch in seiner Hand.

Vier Uhr
Daraus liest er den Kindern vor,
und alle rufen dann im Chor:
Bitte, Opa, noch ein Märchen!
Andächtig lauscht sogar ein Vogelpärchen.

Fünf Uhr
Um fünf Uhr ruft die Kuh im Stall:
„Mein Euter ist jetzt dick und prall."
Schnell melkt die Bäuerin die Kuh,
und die sagt dann zufrieden: „Muh!"

Sechs Uhr
Alle sitzen um den Tisch,
zum Abendbrot gibt's frische Milch.
Dann heißt es: „Kinder, schlafen gehn!
Gute Nacht, und träumt recht schön!"

DAS DOPPELTE LOTTCHEN

*Manchmal glauben Sie, doppelt zu sehen? Nein, nein:
Es ist nur Ihr Zwillinge-Mondchen, das die Fähigkeit besitzt,
gleichzeitig an zwei verschiedenen Orten zu sein. Oder drei Dinge
zur gleichen Zeit zu tun. Atmen Sie also ganz tief durch: Langeweile
wird in den nächsten Jahren ein Fremdwort für Sie sein!*

Da liegt es in seinem Bettchen. Sehen Sie nur seine schlanken, langen Fingerchen! Diese feingliedrigen Füßchen! Und das spitzbübische Stupsnäschen! Doch – was war das? Ging nicht eben ein sanfter Ruck durch den kleinen Körper? Zitterten nicht die winzigen Augenlider? Sie haben sicher richtig gesehen! Nicht einmal im Schlaf kommt ein typisches Zwillinge-Mondchen zur Ruhe. Etwas bewegt sich, etwas regt sich immer. An diesen Satz werden Sie sich in den kommenden zwanzig Jahren sicherlich noch oft erinnern. Denn Ruhe ist ein Wort, das ab sofort zumindest tagsüber aus Ihrem Wortschatz gestrichen ist. Schnallen Sie sich gut an – das Zwillinge-Mondchen ist Ihr Dauerticket für eine Achterbahnfahrt durchs Leben!

Bewegung ist lebenswichtig für Ihren Wonneproppen. Schon in seinen ersten Lebenstagen wird Zwillinge-Mondchen mehr strampeln als andere Säuglinge. Es wird aufmerksamer seine Umgebung betrachten. Und es wird Ihnen begeistert zuhören. Worte, Stimmen, Töne sind sein zweites Lebenselixier. Ich gehe davon aus, daß ein Zwillinge-Mondchen die Sprache erfunden hat.

Geschichten gefragt

Erzählen Sie ihm während des Stillens oder Fütterns also Geschichten. Vielleicht Erlebnisse aus Ihrer Jugend. Oder all das, was Sie bewegt den lieben Tag lang. Singen Sie fröhliche Kinderlieder. Singen – nicht summen.

Egal, ob die Texte nun richtig sind oder frei erfunden. Ihr Baby stört es nicht im mindesten, ob sich Brot nun auf Rot oder eben nicht auf Ball reimt. Worte will Ihr Liebling hören. Hauptsache Worte.

Beim Wickeln wird Ihnen nicht entgehen (die Säuglingsschwester wird es Ihnen sicher bestätigen!), daß Ihr Zwillinge-Mondchen enorm viel Schwung in den Beinchen hat. Es wird strampeln vor Vergnügen, wenn Sie es hin- und herrollen, es wird bei der Baby-Gymnastik freudig seine Beinchen hochziehen, es wird quietschen vor Wonne, wenn Sie mit seinen Füßchen „Bitte, bitte" machen. Beinarbeit sollte das A und O bei Ihrer täglichen Gymnastik oder beim Spielen mit dem Kleinen sein.

Und noch etwas wird Ihnen bereits auf der Entbindungsstation auffallen: Ihr Baby weint anders als die anderen. Natürlich, werden Sie jetzt sagen, jedes Baby schreit anders. Nun, dann hören Sie mal genau hin: Zwillinge-Mondchen, die kleinen Quirls, finden nämlich schnell heraus, daß ihre Stimmbänder sehr viel mehr zustande bringen als nur die üblichen Hungerschreie. Hört sich das Weinen des hungrigen, zwei, drei Tage älteren Stier-Mondchens etwa nach „Ääääääh-ääääääh" an, so ruft Ihnen das Zwillinge-Mondchen schon bald ein abwechslungsreiches „Ääääh-ääääiih-ääääääeeeh" zu.

Zu Hause – jetzt geht's rund!

Ich bin überzeugt davon: Würde ich alle Wickelkommoden-Unfälle mehrerer Kinderarztpraxen statistisch auswerten, wären mehr als die Hälfte der heruntergefallenen Babys Zwillinge-Mondchen. Denken Sie daran: Bewegung ist für Ihr Kind alles. Es wird hin- und herschlenkern, sich kugeln wollen, sich herumwerfen – und das alles mit solch einer Geschwindigkeit, daß selbst die erfahrenste Mutter von der Schnelligkeit und Wendigkeit überrascht ist. Besorgen Sie sich deshalb lieber gleich eine Auflage mit Seitenschutz. Oder wickeln Sie es dort, wo seitlich genug Platz ist zum Kullern und Rollen. Am besten auf Ihrem Bett.

Nun gesellt sich bei Zwillinge-Mondchen zum Bewegungsdrang noch eine weitere typische Eigenschaft hinzu: Neugierde. Nichts, was nicht interessant wäre. Ansporn genug für Ihren Schatz, so schnell wie möglich krabbeln zu lernen! Garantiert: Wenn es soweit ist, werden Sie ab und zu an Ihrem Verstand zweifeln: Sie schwören, daß Baby eben noch im Wohnzimmer vor seinen Bauklötzchen saß? Bestimmt nicht. Baby sitzt doch in der Diele und kaut vergnügt die Blätter des neuen Telefonbuchs. Wie kann das angehen? Ganz klar: Denken Sie an das doppelte Lottchen. Sie haben zwar kein Zwillings-Pärchen zur Welt gebracht, dafür aber ein Zwillinge-Mondchen. Es ist schneller an einem anderen Ort, als man schauen kann. Und dann wieder am nächsten. Holen Sie also tief Luft, wenn Baby begriffen hat, wozu seine Beinchen gut sind. Jetzt ist Ihre Fitneß gefragt!

Schier grenzenlos ist der Freiheitsdrang

Nach all dem bisher Gelesenen haben Sie Lust, zum nächsten Baby-Shop zu fahren und einen Laufstall zu kaufen? Oder den des älteren Geschwisterchens aus dem Keller zu holen? Nun, sicherlich werden Sie einen Laufstall brauchen. Schon allein, um mit einer gewissen inneren Sicherheit die tägliche Hausarbeit zu erledigen. Doch bedenken Sie: Enge und Beengtsein bedeutet für Ihren kleinen Schatz fast schon seelische Grausamkeit. Er braucht seine Freiheit wie die Luft zum Atmen, er will suchen, entdecken, erforschen, alles „be-greifen". „Hinter Gittern" würde sein Wissensdurst verkümmern.

Daß es dazu aber erst gar nicht kommt, dafür sorgt Ihr Purzel schon ganz alleine. Um dem „Käfig" zu entkommen, setzt er nämlich seine stärkste Waffe ein: Sie vermuten ganz richtig – seine Stimmbänder. Nun sind Zwillinge-Mondchen (egal ob Junge oder Mädchen) in der Regel eher zierlich gebaut. Der Schock für manche Eltern ist deshalb umso größer, wenn Zwillinge-Mondchen zum ersten Mal so richtig sauer ist und zeigt, wieviel Stimmgewalt es von der Natur mitbekommen hat. Wer in einem Mehrfamilienhaus wohnt, wird allein um des lieben Nachbarschaftsfriedens willen Klein-Zwillingchen aus dem Laufstall holen. Doch, wie gesagt, ab und zu werden Sie Ihr Baby (oder sich?) in Sicherheit wissen wollen oder müssen. Versorgen Sie es dann mit reichlich bunten Spielsachen, mit Bilderbüchern und Spielzeug, das Töne von sich gibt. Eine Stunde (in der Sie kochen, bügeln, aufräumen) können Sie damit sicherlich überbrücken.

Und dann sind Sie wieder dran. Falls Sie nicht mit älteren Kindern gesegnet sind, wird Zwillinge-Mondchen Sie in Beschlag nehmen. Bilderbuchlesen steht ganz oben auf seiner

31

Unterhaltungs-Wunschliste. Je bunter, je lieber. Je spannender, desto besser. Es wird nicht lange dauern, und Baby wird Ihnen nachplappern. Zwillinge-Mondchen sind die Kinder, die am ehesten reden. Neben dem angeborenen Wissensdurst und der Neugierde liegt es nämlich in ihrer Natur, das wiederzugeben, was sie gehört, gesehen, erlebt haben. Und das ist viel. Ich habe eine Freundin, deren (Zwillinge-Mond-)Töchterchen mit zwei Jahren bereits klar und deutlich gesprochen hat. Nichts Besonderes? Klar, es gibt viele Kinder, die das können. Der Unterschied ist aber, daß Lara, so heißt die Kleine, morgens um sechs Uhr zu reden begann – und fast ohne Unterbrechung (essen, trinken, Mittagsschläfchen) bis abends gegen zehn Uhr weiterredete. Nachmittags um vier war sie heiser, abends dachte jeder, der sie hörte, daß sie eine schwere Halsentzündung hätte.

Die Trotzphase meistern – gewußt wie!

Sie sind im Supermarkt. Ihr zweieinhalbjähriges Zwillinge-Mondchen bugsiert seinen Kinder-Einkaufswagen sicher durch die Gänge. Einhändig. In der anderen Hand hält es die Mohrrübe, die es in der Gemüseabteilung bekommen hat. Alles ist in schönster Ordnung. Bis Sie zur Zeitschriftenabteilung kommen. Sie legen die wöchentliche Fernsehzeit-

schrift in das verwaiste Wägelchen. Wo ist das Kind? Das sitzt ganz am anderen Ende des Zeitschriftenregals, vertieft in ein buntes Comic-Heftchen. „Leg' das wieder hin!" bitten Sie. Zwillinge-Mondchen reagiert nicht. „Schatz, bitte, du hast doch tausend Heftchen daheim!" Keine Reaktion. Sie greifen nach dem Comic – und ein markerschütternder Schrei ertönt. „Nein!" Sonst ein Wortkünstler, kennt Ihr Schatz jetzt nur noch vier Buchstaben. „Nein! Nein!" Inzwischen liegt er flach wie eine Flunder auf dem Boden, trommelt mit der Mohrrübe auf die Fliesen ein. „Nein, nein!" Um Sie herum stehen etwa zwanzig Leute, die die Trotzszene beobachten. Manche (all jene, die selbst keine Kinder haben) schütteln verständnislos den Kopf. Wie reagieren Sie? Kaufen Sie den Comic? Oder nehmen Sie das lauthals brüllende Trotzbündel unter den Arm und bezahlen mehr oder weniger gelassen? Versuchen Sie bei Ihrem trotzenden Zwillinge-Mondchen eine weitere Variante: Setzen Sie sich neben das Trotzköpfchen, und blättern Sie das Heftchen in aller Ruhe durch. Dazwischen geben Sie immer mal wieder anerkennende Laute von sich: „Hmmmh!", „Oh!", „Das ist ja fast so schön wie mein neues Buch!" (Sie sollten immer irgendeines in Reserve haben.) Spätestens jetzt sitzt Ihr Kind neben Ihnen, schaut sich die bunten Bilder an und überlegt, was es wohl noch Schöneres in Ihrem Buch gäbe. Es wird sich beruhigen und ganz erpicht darauf sein, endlich nach Hause zu kommen. Wenn Sie Glück haben, ohne Comic.

Zwillinge-Mondchen trotzen wie alle anderen Kinder auch. Doch kann man sie normalerweise leichter aus ihrer Hysterie herausholen. Wie? Indem man ihre Neugierde weckt. Probieren Sie es aus. Statt sich stundenlang zu ärgern, sollten Sie sich überlegen, womit Sie es ablenken können. Am besten funktioniert diese Masche, wenn Sie „es" vormachen. Wie im Supermarkt. Zugegeben: Zu obengenannter Supermarkt-Lösung gehören Selbstbewußtsein und ziemlich gute Nerven. Doch beides erlangen Sie als Eltern von Zwillinge-Mondchen von ganz alleine – wenn Sie nicht schon zur Genüge davon besitzen. Beginnen Sie beim nächsten Anfall, im Lieblingsbuch Ihres Kindes zu lesen. Oder machen Sie ein Konzert mit Kochtopf und Kochlöffel. Spielen Sie mit dem Plastik-Zoo das „Dschungelbuch" nach, oder schlagen Sie eine Kissenschlacht vor. Je nach Ihrem eigenen Temperament.

Die kleinen Fluchten

Sie werden an Ihrem Liebling recht bald bemerken (aber spätestens, wenn er sich artikulieren kann), daß er mit Begeisterung in andere Rollen schlüpft. Zwillinge-Mondchen sind herrliche und geniale Schauspieler. Sie sind Meister im Nachahmen. Wie lacht Tante Frieda? Ihr Kind wird es Ihnen vorführen. Wie bellt der Nachbarshund? Zwillinge-Mondchen kann's Ihnen zeigen. Wenn es seine ersten Freundschaften knüpft, im Kindergarten oder in der Nachbarschaft, wird Ihr Zwillinge-Kind in die Rolle des Clowns schlüpfen. Oder in die des Spieleerfinders. Denn die Phantasie der Zwillinge-Mondchen ist Legende. Wenn man ihm eine Geschichte vorliest, wird es in irgendeine der Rollen schlüpfen. Es wird sich derart hineinversetzen, daß es selbst hundertprozentig davon überzeugt ist, jetzt die kleine Hexe Bibi Blocksberg zu sein. Oder Benjamin Blümchen. Oder Gul-

liver, der Rabe. Oder Janoschs großer, dicker Waldbär. Freuen Sie sich über diese Gabe. Fördern Sie sie. Lassen Sie sich von Ihrem Kind kleine Geschichten nacherzählen. Später wird es eigene erfinden. Und Sie werden sich fragen, ob es sie irgendwo gehört hat, weil sie so schlüssig und so sinnvoll sind. Nein, Sie können stolz sein: Der kleine Spatz hat sie tatsächlich erfunden. Rede- und sprachgewandt wie er ist, fallen ihm immer neue Geschichten ein. Schön wäre, würden Sie die eine oder andere aufschreiben. Es wären sicherlich mit die schönsten Erinnerungsstücke an Zwillinge-Mondchens Kinderjahre.

Noch ein Tip: Falls es möglich ist, sollten Sie Ihr kleines Sprachgenie eine zweite Sprache erlernen lassen. Vielleicht können Sie selbst ja Englisch oder Französisch? Oder Sie haben ausländische Freunde? Lassen Sie sie täglich mit Ihrem Kind reden. Je früher Sie damit beginnen, desto besser. Zweisprachigkeit wird Ihrem Zwillinge-Kind vermutlich keinerlei Schwierigkeiten bereiten. Und später nützlich

ZWILLINGE-MONDCHENS TRAUMBERUFE

Die meisten Zwillinge-Mondchen machen ihre Redegewandtheit und ihre Sprachgewalt später zum Beruf. Sie sind die geborenen Journalisten, „rasenden" Reporter, Rundfunkmoderatoren, (Kinder-) Buchautoren. Oder sie werden Reisekaufleute, Fremdenführer, Vertreter. Ein Zwillinge-Mondchen verkauft einem Eskimo einen Kühlschrank. Kreativ denkend, wie sie sind, können Zwillinge-Mondchen aber auch für jede Werbefirma und für jede Entwicklungsabteilung ein Gewinn sein. Heimlicher Traumjob eines jeden: Mitstreiter bei Greenpeace.

sein. Denn es wird viel im Ausland unterwegs sein. Und überall viel reden. Zu beachten ist jedoch, daß das Kind die fremde Sprache regelmäßig hört. Vielleicht täglich eine Stunde. Oder Sie gewöhnen sich an, vormittags englisch zu reden. Ich habe einen Bekannten, der fünf Sprachen fließend spricht. Keine einzige davon hat er in der Schule erlernt. Durch den Beruf seines Vaters, er war Diplomat, wuchs er in verschiedenen Ländern auf. Überall hatte er ein Kindermädchen. Und von jedem nahm er eine Erinnerung mit: die Sprache.

ABC – das liegt Ihrem Kind im Blut

Die Schulzeit wird Ihr Kind vermutlich genießen. Nicht, weil es so schlau und so übermäßig klug ist und nicht viel lernen müßte. Nein: weil die Schule ein Ort ist, an dem man jeden Tag etwas Neues hört. Sicherlich: In Mathe, Chemie und Physik wird es vielleicht so seine Schwierigkeiten haben. Aber dafür erhält es für seine Aufsätze die Schulpreise und für seine Leistungen in den Fächern Geographie, Biologie, Deutsch und Fremdsprachen Auszeichnungen. Allerdings müssen Sie damit rechnen, daß Sie der Lehrer ab und zu darauf anspricht, daß die Hausaufgaben schlampig oder fahrig gemacht werden. Ausdauer und Geduld zählen nämlich nicht zu Zwillinge-Mondchens Stärken. Und so besteht die Gefahr (auch bei Dingen, für die es sich interessiert), daß es den Lehrstoff nur überfliegt, die Essenz herauszieht und alles übrige links liegenläßt und vergißt. Zwillinge-Mondchen sind Meister darin, sofort das

Wesentliche zu erkennen und auf den Punkt zu kommen. Das ganze Drumherum ist für sie unnötiger Gehirn-Ballast.

Schicken Sie Ihr Kind morgens früh genug los. Planen Sie ein, daß es auf jedem Meter seines Schulwegs etwas entdeckt, das es mehr interessiert als die Uhrzeit. Pünktlichkeit ist nicht seine Stärke. Nicht, daß es unpünktlich sein will. Nein: Ihr Kind lebt in vielen Phantasiewelten. Hinter jedem Busch, hinter jedem Baum lauern Abenteuer, Riesen, Zwerge, Ungeheuer, Dinos – und die wollen erforscht werden. So bummelt es, vergißt die Zeit – und den Lehrer, der wieder mal auf Zwillinge-Mondchen wartet. Der wird Ihnen sicherlich auch erzählen, daß Ihr Schatz „ziemlich unruhig" ist. Nun, das erstaunt Sie nicht sehr, immerhin kennen Sie Ihr Kind seit Jahren und wissen um die Flöhe, die es mindestens zwölf Stunden am Tag beißen.

Zwillinge-Mondchen können nicht stillsitzen. Sitzen ist für sie eine Strafe. Dann rutschen und juckeln sie herum. Das hat nichts mit Nervosität oder Langeweile zu tun. Sondern mit dem angeborenen Bewegungsdrang.

Es wird Ihnen auch auffallen, daß Ihr Kind immer mindestens zwei Dinge gleichzeitig tut (Möhre essen, Wägelchen schieben!). Sitzt es über seinen Hausaufgaben, hört es nebenbei Radio. Oder telefoniert. Oder es strampelt mit dem Geschichtsbuch in der Hand auf dem Trimmrad. Wenn seine Leistungen gut sind – warum nicht?

Sport muß sein!

Vielleicht kein regelmäßiger. Aber gönnen Sie Ihrem Kind den Spaß, im Team zu laufen, zu springen, zu turnen. Es wird nicht immer Lust haben, weil ihm vielleicht gerade andere Dinge wichtiger sind. Doch wenn es einmal dabei ist, wird es großen Spaß haben. Die Bewegung tut ihm gut. Ihnen auch, weil es abends zufriedener und ausgeglichener ins Bett geht. Leistungssport liegt ihm weniger. Zwillinge-Monde sind keine großen Kämpfer. Sie treiben Sport der Bewegung wegen. Denken Sie doch mal über Handball, Volleyball, Ballett nach. Und erkundigen Sie sich in Ihrem Ort nach einer Laienschauspielgruppe. Zwillinge-Mondchen lieben es, in andere Rollen zu schlüpfen. Kindertheater ist also ein großes Thema.

Schmusestunden sind Kuschelrunden

Am meisten liebt Sie Ihr Kind, wenn Sie mit ihm sprechen, ihm vorlesen oder ihm eine Geschichte erzählen. Worte sind, wie bereits gesagt, sein Lebenselixier. Je älter es wird, umso mehr „frißt" es Erzählungen in sich hinein. Die größte Freude machen Sie ihm im Kleinkindalter mit Hörspielkassetten, später mit Büchern. Es wird immer ein Bücherwurm

bleiben. Bis ins hohe Alter. Vielleicht überrascht es Sie irgendwann mit einem Bestseller. Und auf der ersten Seite steht eine Widmung: Für meine Eltern, die mich immer gefördert haben. Dann lesen Sie den Namen des Autors: Es ist der Name Ihres Kindes! Das ist seine Art, Dankbarkeit zu zeigen. Erwarten Sie während der Kindheit keine großen Liebesschwüre. Und auch keine großartigen Zärtlichkeiten. Zwillinge-Mondchen sind eher scheu und zurückhaltend, wenn es um Berührung geht. Natürlich kuschelt es mit Ihnen. Es wird regelrechte Kuschelrunden einlegen. Aber wahrscheinlich erst abends, wenn es müde ist und sein hellwacher Geist zur Ruhe kommt. Nehmen Sie es zärtlich in den Arm – aber zwingen Sie es nicht zur Nähe. Es wird sich ganz von alleine an Sie schmiegen, wenn es Sie braucht oder spüren möchte. Seine Art, Liebe zu zeigen, sind eben auch Worte. Irgendwann wird es im Sandkasten sitzen, mächtig mit „Kuchen backen" beschäftigt sein und Ihnen, die gerade die Blumen gießt, im Vorbeigehen zurufen: „Dieser Kuchen ist für die liebste Mama (oder den liebsten Papa) auf der ganzen Welt!" So sind sie eben, die Zwillinge-Mondchen. Herzerfrischend. Und einfach liebenswert.

ZWILLINGE-MONDCHENS BESTE FREUNDE

Die Luft schürt das Feuer. So wirken Zwillinge-Mondchen anregend auf Mondzeichen wie Schütze, Widder und Löwe. Turbulent werden die Freundschaften zu den gleichgesinnten und fortschrittlichen Wassermann-Monden. Beruhigend und ausgleichend wirken dagegen die ebenso luftigen, aber doch besinnlicheren Waagen.

Das Kinder-ABC

Kennst du das Kinder-ABC?
Die Buchstaben Z und X und D?
Nein? Na, dann schau mal, wie sie ausseh'n
und für welche Worte sie denn steh'n:

A wie Auto

B wie Baum

C wie Clown

D wie Dusche

E wie Eis

F wie Fenster

G wie Geist

H wie Haus

I wie Igel

J wie Junge

K wie Kerze

L wie Lippen

M wie Mond

N wie Nagel

O wie Orange

P wie Pilz

Q wie Qualle

R wie Regen

S wie Schuh

T wie Tasse

U wie Uhr

V wie Vogel

W wie Würfel

X wie Xylophon

Y wie Yacht

Z wie Zaun

GELIEBTES KLEINES TRÄUMERCHEN

*Es ist so lieb, so rosig, solch ein Wonneproppen. Jeden wickelt es um seine
winzigen Fingerchen. Und doch treibt Sie Ihr Krebs-Mondchen
mit seinen Launen manchmal zur Weißglut? Aber das ist schnell vergessen:
Dann nämlich, wenn es Sie zärtlich in seine Ärmchen nimmt und flüstert:
„Ich hab dich soooo lieb!"*

40

Kennen Sie zufällig die Komödie „Mein Freund Harvey"? Sie handelt von einem Mann, der einen mannshohen weißen Hasen zum Freund hat. Harvey, das Langohr, begleitet den Zweibeiner überallhin. Er weiß immer Rat, steht ihm immer zur Seite. Das Dumme ist nur: Niemand außer dem Mann sieht, hört oder fühlt Harvey. Für alle anderen ist der Hase nämlich unsichtbar. Und, auf gut deutsch gesagt, ein Hirngespinst des Mannes. Wenn Sie ein Krebs-Mondchen haben, werden Sie sich vermutlich an Harvey erinnern. Spätestens dann, wenn Ihnen Ihr kleiner Schatz mit todernster Miene von seinem „besten Freund" erzählt. Der ist immer lieb zu ihm, gibt ihm immer den Vortritt, nimmt ihm nie etwas weg und läßt ihn grundsätzlich gewinnen. Vielleicht ist es eine Maus, vielleicht eine gute Fee – vielleicht auch ein mannshoher Hase. Sie werden den Freund leider nie kennenlernen. Aber tun Sie Ihrem Kind zuliebe wenigstens so, als ob er auch für Sie Wirklichkeit wäre.

Ihr kleiner Schatz ist nämlich ein Träumerchen. Aber anders als beim frischen und immer abenteuerlustigen Zwilling sind die Traumwelten der Krebs-Mondchen stets höchst romantisch, verklärt und ein bißchen nebulös. Schauen Sie Ihrem Krebs-Mondbaby einfach nur in die Augen: Sehen Sie den sanften Schleier? Das ist es, was ich meine. Die meisten wirken etwas entrückt. Dabei sind Krebs-Mondchen aber auch richtig drollige Babys. Ihre winzigen Gesichtchen sprechen Bände. Wer bereits ein etwas größeres Krebs-Mondchen hat, der weiß um das Mienenspiel und die Grimassen, die diese kleinen Menschen schon ab frühester Kindheit meisterhaft beherrschen. Manchmal kann man sich kugeln vor Lachen, wenn es sein Mündchen spitzt und die Stirn runzelt oder wütend die kaum sichtbaren Augenbrauen hochzieht. Aber Vorsicht: Nicht lachen! In solch einem Moment ist Baby für Scherze nicht zu haben. Das Gebrüll läßt auch sicherlich nicht lange auf sich warten.

Babys Grundstimmung: sehr wechselhaft

Himmelhoch jauchzend, zu Tode betrübt. So etwa könnte man Krebs-Mondchens Grundstimmung bezeichnen. Seine Launen wechseln nämlich ständig. Gerade lacht und gluckst es noch, im nächsten Moment weint es. Warum? Weil man sein Lachen nicht beachtet hat.

Krebs-Mondchen sehnen sich danach, umsorgt, umhegt und bewundert zu werden. Sie brauchen so viel Liebe wie alle anderen elf Zeichen zusammen. Nur die Liebe und die Fürsorge geben ihnen Sicherheit. Und machen sie stark fürs Leben. Leider sind aber viele Krebs-Mondchen viel zu schüchtern, um ihre heimlichen Wünsche und Sehnsüchte zu zeigen. Finden ihre Taten und Anstrengungen nicht genügend Beachtung, ziehen sie sich in

Nullkommanichts in ihr Schneckenhäuschen zurück, sind niedergeschlagen und zweifeln an sich selbst. Häufen sich solche Erlebnisse, kann sich ein Krebs-Mondchen zu einem unsicheren Erwachsenen entwickeln, der an sich und der Welt (ver)zweifelt.

Loben Sie es also, wenn es sich angestrengt hat. Selbst in den ersten Lebensmonaten spürt Ihr Krebs-Mondchen die Anerkennung. Lob und Beifall lassen es aufblühen. Sie sind Garanten dafür, daß es sein Bestes zu geben versucht. Mißachtung läßt es resignieren. Ganz wichtig ist für Krebs-Mondbabys die Berührung. Streicheln Sie Ihr Kind, so oft es Ihnen möglich ist. Besonders dann, wenn Sie es loben. Wiegen Sie es sanft in Ihrem Arm, flüstern Sie ihm Zärtlichkeiten ins Ohr. Spüren Sie, wie es sich an Sie drückt?

Wozu hat man Beine?

Krebs-Mondchen sind zurückhaltend, wenn es darum geht, Neuland zu erforschen. Viele Krebs-Mondbabys sitzen länger als andere Kinder. Mit dem Krabbeln und den ersten Schritten lassen sich diese sensiblen Menschenkinder lieber etwas Zeit. Aus dem sicheren Laufstall heraus beobachten sie die Welt um sich herum. Sie sind beeindruckt von

den vielen Farben, den Geräuschen aus der Küche, dem Rauschen des Wasserhahns, dem Ding-Dong der Kirchturmuhr. Hingebungsvoll befühlen und betasten sie die Spielsachen, die man ihnen anbietet. Die meisten Kinder stecken sich alles gleich in den Mund, ihrem zunächst empfindlichsten „Tastorgan". Nicht so Ihr Liebling. Er wird die bunte Stoffschildkröte hin- und herdrehen. Sie von oben, unten und der Seite betrachten. Er wird sie an seine Backe drücken, sie hinwerfen und wieder aufheben, ehe sie dort landet, wo man sie schließlich auch schmecken lernt.

Krebschen fühlen sich im Laufstall wohl. Die Abgeschlossenheit vermittelt ihnen ein Gefühl von Geborgenheit und Sicherheit. Doch auch Ihr Krebschen wird sich eines Tages an den Gitterstäben hochziehen und auf seinen wackeligen Beinchen stehen. Beifall, bitte! Und nicht zu knapp, denn sonst läßt es sich gleich wieder hinplumpsen und wagt den nächsten Versuch erst ein paar Tage später.

41

Ein ängstliches Seelchen

Krabbelt und läuft Ihr Schatz schließlich, sollten Sie ihm Ziele vorgeben, die er ansteuern kann. Bauen Sie am anderen Ende des Wohnzimmers einen Klötzchenturm auf und weiter links davon ein paar Stofftiere. Krebs-Mondchen lieben bekannte Dinge. Ziel- und planlos draufloszulaufen, das ist nichts für ein typisches Krebs-Mondkind.

Es hat nämlich eine recht furchtsame Seele. Laute Geräusche, Türenknallen, Motorräder, Dunkelheit, fremde Gesichter, große Tiere, übergroßes Spielzeug ängstigen es. Es wird seine Umgebung vorsichtig erkunden. Sein Eroberungsradius wächst langsam. Aber natürlich stetig. Viele Krebs-Mond-Mütter beklagen sich, daß ihnen ihr Kind den lieben

der Krebs-Mondchen ist häufig recht blaß und deswegen anfällig für Sonnenschäden. Laden Sie möglichst Freundinnen mit etwa gleichaltrigen Kindern ein. Gesellschaft tut Ihrem Wonneproppen gut und nimmt ihm schon früh etwas von seiner Schüchternheit.

Die Küche – Babys Lieblingsort

Überdurchschnittlich viele Menschen, die in der Gastronomie (und dort in der Küche) arbeiten, haben eine Krebs-Sonne oder einen Krebs-Mond. Eigentlich logisch. Denn so gerne das Krebszeichen verwöhnt wird, so gerne verwöhnt und umsorgt es auch andere. Hat Ihr Purzel erst einmal begriffen, daß man in den großen, glänzenden Töpfen Essen zubereitet, wird die Küche sein Lieblingsspielplatz. Geben Sie ihm leichtes Kochgeschirr, einen Kochlöffel aus Holz, einen Plastikteller und Kinderbesteck. Garantiert: Für Stunden werden Sie Ihren Liebling nicht mehr zu Gesicht bekommen. Ihn höchstens hören. Wenn er geschäftig und begeistert mit den Töpfen klappert und sein Wunschmenü (oder Ihres) „kocht".

langen Tag „am Rockzipfel hängt". Klagen Sie nicht darüber. Denn Ihr Schatz hat einfach Angst allein. Er will Sie spüren oder zumindest hören, wenn er auf „Reisen" ist. Traut er sich weiter weg, reden Sie mit ihm. Ruhig und gelassen. Fragen Sie ihn, was er sieht und fühlt und riecht. Selbst wenn er Ihnen noch keine Antwort geben kann, wird er sich mutig weiter vorantrauen.

Vor einem allerdings hat Ihr Baby ganz und gar keine Angst: vor Wasser. Herrlich wäre, würden Sie schon im Babyalter mit dem Schwimmen beginnen. Sie werden sich über die plötzliche Wandlung nur wundern. Dieser aufgeregte, quietschvergnügte und strampelnde Säugling soll Ihr sensibles Krebschen sein? Er ist es. Wasser ist sein Element. Dort fühlt er sich wohl. Doch auch hier gilt: Immer ganz nah bei ihm sein. Plitsch-platsch macht riesig Spaß – aber noch mehr, wenn Mama oder Papa mitplanschen.

Falls Sie keine Möglichkeit zum Babyschwimmen haben, dann gönnen Sie Ihrem Baby im Hochsommer zumindest ein kleines Schwimmbecken oder ein regelmäßiges und erfrischendes Bad in der Wanne. Steht das Becken draußen, sollten Sie allerdings auf einen guten Sonnenschutz achten. Die Haut

Wir sind beim Essen. Krebs-Mondchen sind von Geburt an kleine Feinschmecker. Sie lieben leichte Kost. Früchte, Fisch, knackiges Gemüse. Deftige Sachen liegen ihnen schwer im Magen. Sie fühlen sich auch wohler, wenn sie statt dreimal fünfmal am Tag essen können. Zum einen, weil es den Magen nicht so belastet. Zum anderen (ganz schön pfiffig), weil das natürlich zweimal mehr Aufmerksamkeit und Genuß bedeutet. Krebs-Mondchen spüren und schmecken übrigens auch, ob ein Gericht mit Liebe oder nur im Vorbeigehen gekocht wurde. Konserviertes sollten Sie ihm nicht vorsetzen. Und falls Sie unter Zeitdruck sind, dann lieber noch Tiefgefrorenes. Darin sind zumindest noch die Vitamine enthalten.

Lassen Sie Ihren Schatz bei der Zubereitung der Mahlzeiten mithelfen. Er wird begeistert sein. Und sich genau merken, welche Zutaten welches Gericht ergeben. Es wird nämlich nicht lange dauern, und Ihr Vorschulkind wird Ihnen das Essen ab und zu servieren. Kennen Sie die Fernsehwerbung für die Margarine, aus der zwei Kinder nachts einen Überraschungskuchen für die Eltern backen? Einen mit bunten Smarties als Verzierung? Hier könnte es sich um zwei Krebs-Mondchen handeln! Lassen Sie sich überraschen.

In jedem Krebs-Mondchen – ob Junge oder Mädchen – stecken hausfrauliche Qualitäten. Beide mögen eine schöne, aufgeräumte Umgebung. So wird es nicht lange dauern und Ihr Kind hilft Ihnen beim Aufräumen, beim Saubermachen und Putzen. Sie müssen bestimmt nicht zweimal darum bitten, daß das Kinderzimmerchaos verschwindet. Sie Glückliche!

KREBS-MONDCHENS TRAUMBERUFE

Sie sind begnadete Künstler, Maler, Bildhauer, Musiker und Schriftsteller (Spezialgebiet: historische Romane). Sie haben ein Gefühl für Formen und Farben. Innenarchitektur liegt ihnen, Raumausstatter ist eine andere Berufsmöglichkeit. Weil Krebse gut mit Geld umgehen, geschickt wirtschaften und haushalten können, sind sie ideale Bankangestellte, aber auch absolut vertrauenswürdige Geschäftsführer von Hotels oder Restaurants. Andere Krebse schlagen den sozialen Weg ein. Man findet sie allerdings weniger im Gesundheitswesen, sondern eher in Familienberatungsstellen oder in der Kinderbetreuung.

43

Trotzen – das können Krebschen!

Und dann kommt der Tag, an dem Ihr empfindsames und scheues Kind plötzlich hochrot anläuft, vor Wut bebt, mit den Füßen stampft, um sich schlägt und weint. Haben Sie's bemerkt? Krebs-Mondchen kreischt weder hysterisch, noch brüllt es aus Leibeskräften, wenn es trotzt. Nein, Krebs-Mondchen weint. Tränen sind seine stärkste Waffe. Wahre Tränenfluten. Andere Kinder brüllen während des Trotzens mit trockenen Augen. Ihr Krebs-Mondchen wird dagegen dicke Tränen vergießen. Tausende. Sie werden schwach – einmal, zweimal. Dann begreifen Sie langsam. Sie werden sich und Ihrem Kind keinen Gefallen tun, wenn Sie angesichts der Tränen dahinschmelzen. Auch Ihr Krebschen muß und will seine Grenzen kennen. Nehmen Sie es liebevoll in den Arm, wenn es seinen Kopf durchsetzen möchte. Streicheln Sie es (am besten über den Bauch). Reden Sie beruhigend auf es ein. Wenn alles nichts hilft, probieren Sie

soweit und der Schulranzen zum erstenmal gepackt, begleiten Sie es mit einem fröhlichen Lächeln. Damit nehmen Sie ihm die Angst vor dem Unbekannten. Bald wird es sich zurechtfinden und Freundschaften schließen. Begeistern wird es sich vermutlich fürs Malen, Singen – und später für Geschichte. Es findet sich in der Vergangenheit bestens zurecht, kann sich Namen und Daten mit Leichtigkeit merken. Vielleicht klagt der Lehrer über die Tagträumerei Ihres Kindes, doch dürften daraus keine ernsthaften Schulprobleme entstehen. Krebs-Monde sind gewissenhaft und interessiert, was Schularbeiten betrifft.

einen Trick: Tun Sie selbst so, als ob Sie weinen. Schauen Sie todtraurig, reiben Sie sich die Augen. Das wird Ihr Krebschen nicht lange mitansehen können. Der angeborene „Mutterinstinkt" wird durchbrechen. Und am Ende wird es Sie trösten.

44

Mit viel Liebe durch die Schulzeit

Ich will es noch einmal betonen: Ihr Kind braucht mehr Liebe und Fürsorge als alle anderen elf Zeichen zusammen. Der tägliche Besuch des Kindergartens und später der Schule ist für ein Krebs-Mondchen ein großer Schritt. Riesengroß. Größer, als wir Erwachsenen ihn uns vorstellen. Für viele Stunden herausgerissen aus der häuslichen und mütterlichen Geborgenheit, fühlt es sich unsicher, verloren, verängstigt. Und alleingelassen. Deshalb beschreiben Kindergartenerzieherinnen und Lehrer Krebs-Mondchen gerne als introvertiert. Das sind sie. Aus purer Vorsicht und aus Selbstschutz. Am besten, Sie sprechen schon vor dem Kindergarten- oder Schulbeginn viel und oft und begeistert von der neuen Situation. Beschreiben Sie sie so gut wie möglich und in allen Einzelheiten, damit sich Ihr Kind darauf einstimmen kann. Ist es dann

No sports!

Sicherlich gibt es auch Sportgrößen mit einem Krebs-Mond. Doch die dürften eher die Ausnahme als die Regel sein. Krebs-Mondkinder tendieren zu musischen Hobbies. Fotografieren gehört dazu, Malen, Musik. Ich glaube, es gibt kein Krebs-Mondchen, das sich nicht für ein Instrument begeistert. Probieren Sie's aus. Fragen Sie nach seinem Wunsch. Keine Angst: Ein typisches Krebs-Mondchen träumt nicht von einem Schlagzeug. Auch nicht von einer Trompete. Eher von einem Klavier oder einer Geige. Erkundigen Sie sich, ob in Ihrer Nähe jemand Unterricht erteilt. Krebs-Mondchen wird begeistert mit von der Partie sein. Falls es Sport treiben möchte, dann vermutlich einen, der mit Wasser zusammenhängt: Rudern, Schwimmen, Wasserballett.

Eigentlich ein krasser Gegensatz: Krebschens Vorliebe fürs Gärtnern. Falls Sie die Möglichkeit haben, sollten Sie ihm ein Stückchen Land „übereignen". Kaufen Sie ihm Salatsetzlinge, Gemüsesamen und ein paar Blümchen. Er wird sich begeistert ans Werk machen und seine grünen Freunde hegen und pflegen. Und so ganz nebenbei auch noch das Lebensmittelbudget Ihrer Familie senken. Seine Ernte wird nämlich bestimmt reichlich sein. Und Tiere mag es! Eine Riesenüberraschung zum nächsten Weihnachtsfest wäre ein kleines Haustier. Eine Maus, ein Hamster, ein Zwerghase. Und falls Platz ist, ein Hündchen. Kuschelig muß es sein. Und nicht zu groß. Sie werden staunen, welche Fürsorge Ihr kleiner Liebling an den Tag legt.

Kuscheln mit Mama – einfach das Größte!

Sie wissen jetzt, welch ein zartes und einfühlsames Seelchen Ihnen beschert wurde. Klar, daß dieses gepflegt sein will. Streicheln Sie es stark. Nehmen Sie Ihren Schatz oft in den Arm. Nicht nur, wenn er tränenüberströmt und verletzt oder enttäuscht vom Spielplatz nach Hause kommt. Auch einfach dann, wenn Ihnen danach zumute ist. Scheuen Sie keine Mühe, Ihrem Kind immer wieder klarzumachen, daß es für Sie das hübscheste, gescheiteste und allerliebste Kind ist. Jetzt runzeln Sie die Stirn, stimmt's? Denken, daß man damit doch ein verwöhntes, egoistisches Kind heranzieht? Nicht beim Krebschen. Es füllt damit sein Defizit an Selbstvertrauen auf. Bekommt es von Ihnen genügend Rückendeckung, wird es später einen starken Charakter haben. Und es wird mit großer Zärtlichkeit an Sie zurückdenken. Krebs-Mondchen, die sich in ihrer Kindheit wohl und angenommen fühlten, werden sich ein Leben lang liebevoll an Sie erinnern. Und sie werden, älter und reifer, sicherlich ganz in der Nähe des Elternhauses wohnen. Ein Phänomen. Doch wer Krebs-Mondchen kennt, versteht es.

Krebschens Lieblingsfarben

Ich will den Farben einen kleinen Extra-Abschnitt widmen. Denn diese sensiblen Naturen reagieren besonders stark darauf. Die Lieblingsfarbe: Blau. Nein, falsch, nicht die Lieblingsfarbe. Blau ist die Farbe, die ein Krebschen am positivsten beeinflußt. Es ist nie zu spät, das Zimmer eines Krebs-Mondkindes blau zu streichen. Wählen Sie ein lichtes, helles, freundliches Blau. Das beruhigt Ihren Schatz und nimmt ihm die ängstlichen Gefühle. Auch andere Pastelltöne bekommen ihm gut. Apricotfarbene Bettwäsche, lichtgelbe Vorhänge. Wichtig ist die Zartheit der Farben und Schattierungen. Knallfarben liegen dem Krebs-Mondchen weniger. Auch bei der Kleidung sollte man das berücksichtigen. Babyblau und Babyrosa – zwei Kinderfarben, die für Ihren Liebling erfunden wurden! Darin und damit fühlt er sich wohl. Und sie unterstreichen sein zartes, feinfühliges und romantisches Gemüt.

45

KREBS-MONDCHENS BESTE FREUNDE

Liebe auf den ersten Blick – das gibt es wohl tatsächlich nur zwischen einem Krebs-Mondchen und einem Fische-Mondchen. Und Sie können sicher sein: Diese Sandkastenfreundschaft wird viele, viele Jahre dauern. Denn Krebse trennen sich ungern. Weder von Dingen noch von Menschen. Viel Spaß wird Ihr Schatz mit einem Skorpion-Mondchen haben. Allerdings hat es auch ein bißchen Angst vor ihm. Weil es manchmal doch recht unheimliche Geschichten erzählt. Ein Waage-Mondchen wird es umsorgen, ein Löwe-Mondchen bewundern. Ganz und gar nicht seine Wellenlänge: die Hoppla-hier-komme-ich-Mentalität des Widder-Mondchens. Falls es ein solches Geschwisterchen hat, wird es sich unterordnen, den kleinen Mond-Widder aber heimlich anhimmeln.

Der kleine Krebs sucht sein Zuhause

Am Ufer eines Meeres lebte ein kleiner Krebs. Sein Zuhause war ein wunderschönes Schneckenhäuschen. Morgens, wenn die Sonne aufging, schlüpfte der kleine Krebs heraus, um Essen zu suchen. Abends, kurz bevor die Sonne schlafen ging, kroch der kleine Krebs schnell wieder hinein in das Häuschen. Es wünschte dem kleinen Krebs eine gute Nacht und langsam schliefen beide ein. So ging es tagaus, tagein, bis – ja, bis ein kleiner Junge mit einem Eimerchen am Strand auftauchte. Er sammelte alle Muscheln auf, die er fand. Und natürlich sah er auch das wunderschöne Schneckenhäuschen, das auf den kleinen Krebs wartete. Oh, Schreck! Vor-

sichtig hob der kleine Junge das Schneckenhäuschen auf, drehte es, schaute es von allen Seiten an und sagte dann: „Du bist das allerschönste, das ich gefunden habe!" Er legte es in sein Eimerchen und lief strahlend nach Hause.

Am Abend kehrte der kleine Krebs zurück. Aufgeregt lief er hin und her. „Wo ist denn meine Schnecke? Wo ist mein Zuhause?" Er suchte, bis der Mond hell und rund vom Himmel herunterleuchtete. „Wo soll ich denn jetzt schlafen?"

Traurig setzte sich der Krebs in den Sand. Da sah er im Mondlicht etwas funkeln. So schnell ihn seine kleinen Beinchen trugen, lief er zu der Funkelstelle. Es war eine alte Dose, die jemand am Strand vergessen hatte. Vorsichtig krabbelte er hinein.

„Wer stört mich da?" hörte er plötzlich eine wütende Stimme. „Ich bin der kleine Krebs", flüsterte der kleine Krebs ängstlich. „Und wer bist du? – „Ich bin der Skorpion – und wenn du meine Dose nicht sofort verläßt, dann pikse ich dich mit meinem Stachel!" – „Aber können wir denn nicht beide in deiner Dose wohnen?" fragte der kleine Krebs. „Nie und nimmer", zischte der Skorpion böse und gab dem kleinen Krebs einen mächtigen Schubs, daß er nach draußen flog. Da saß er nun. Ängstlich sah er sich um.

Vorne, ganz nah am Wasser, lag ein umge-
kipptes Boot. Müde krabbelte der kleine Krebs
dorthin, um wenigstens ein Dach über dem
Kopf zu haben. Doch als er gerade darunter-
schlüpfen wollte, kläffte es zornig: „Wer da?"
Was glaubst du – wer wohnte unter dem Boot?
Eine Katze? Ein Vogel? Ein Hund? Richtig,
ein brauner Hund mit langen Schlappohren
wohnte unter dem Boot! „Das ist mein
Zuhause", bellte er. „Geh' fort und such' dir
ein eigenes!"
Der kleine Krebs schlüpfte schnell hinaus in
den Mondschein. So gut er konnte, grub er
ein Loch in den Sand und legte sich hinein.
Am nächsten Morgen weckte ihn der erste
Sonnenstrahl. Er kletterte aus dem Loch und
sagte: „Wie schön, daß du da bist, liebe Sonne.
Mir war so kalt heute nacht."
Den ganzen Tag lang überlegte der kleine
Krebs, wo er wohl wohnen könnte. In dem
Loch war es nämlich nicht sehr gemütlich. Es
war kalt, und ständig rieselte ihm ein bißchen
Sand auf den Panzer. „Ach", seufzte der kleine
Krebs, „wenn ich doch mein liebes Schnecken-
häuschen wiederhätte ..."
Die Sonne stand schon rot und rund überm
Meer, als der kleine Krebs drei Menschen zum

Strand kommen sah. Eine Mama, einen Papa
und einen kleinen Jungen mit einem bunten
Eimerchen. Er hörte den Papa sagen: „So,
mein Schatz, jetzt leg' das schöne Häuschen
wieder in den Sand. Vielleicht ist es ja für ein
kleines Tierchen ein Zuhause?"
Was glaubst du, wie sich der kleine Krebs
freute! „Juchhe", jubelte er und klapperte aufgeregt mit seinen Scheren. „Ich habe mein
Zuhause wieder!" Als die Menschen fort
waren, krabbelte der Krebs, so schnell er
konnte, über den Sand zu dem Schneckenhäuschen. „Hallo", rief er und sprang hinein.
Er kuschelte sich an die Wände und fühlte
sich so richtig wohl und geborgen. Und noch
lange erzählte der kleine Krebs von der voran-
gegangenen Nacht, in der ihn niemand haben
wollte. „Aber jetzt ist alles wieder gut", sagte er
dann und schlief glücklich und zufrieden ein.

47

Das Löwe-Mondchen

GUT GEBRÜLLT, KLEINER LÖWE!

Es liebt den großen Auftritt. Von der ersten Stunde an. Löwe-Mondchen gehören ins Rampenlicht. Seine Bühne wird Ihre Familie sein. Zunächst einmal. Später wird es seine kleinen Kameraden unterhalten. Und irgendwann einmal bewundern Sie Ihren Schatz im Fernsehen oder im Theater – und platzen vor Stolz!

Da liegt es nun in Ihrem Arm. Rund und rosig, vermutlich mit mehr Haaren auf dem Kopf als alle anderen Babys, die Sie kennen. Es hat sich satt genuckelt und blickt Sie aufmerksam an. Na, war da nicht noch was? Aber natürlich: Jetzt will Klein-Löwe-Mondchen gelobt werden! „Braves Kind. Toll hast du getrunken. Richtig prima!" sagen Sie. Merken Sie, wie es plötzlich „Haltung" annimmt? Sich streckt? Und schauen Sie nur, wie sich sein Blick verändert: Richtig geschmeichelt schaut es Sie an. Und das mit nicht einmal einem Monat.

Lob und Beifall sind die beiden Lebenselixiere Ihres kleinen Lieblings. Er braucht beides wie die Luft zum Atmen. Ohne Lob und gebührenden Beifall wird er sich nicht anstrengen, wird er in seiner Entwicklung hinter anderen Kindern zurückbleiben. Also loben Sie. Nun, Sie sind vermutlich auch ohne mich bereits dahintergekommen. Denn schon in den ersten Wochen reagiert Ihr Löwe-Mondchen darauf. Wenn Sie es freudig hochnehmen und ihm sagen, wie schön es ist, wie lieb, wie brav, wird es strampeln vor Vergnügen. So, als ob es die Worte bereits verstehen könnte. Sie sind begeistert von dieser Reaktion, die Oma und der Opa auch. Und alle Ihre Freunde. Baby-Löwes Erziehung hat begonnen. Ich meine: Ihre!

Falls Sie die Oberhand behalten, ist die Erziehung eines Löwe-Mondchens tatsächlich eine zwanzig Jahre lange Gratwanderung zwischen herzlichem Miteinander und wahrer Tyrannei. Ihr Schatz wurde nämlich mit einem eisernen Willen und einer riesigen Portion Selbstbewußtsein ausgestattet. Aber auch mit reichlich Diplomatie. Sie werden in den ersten sechs, sieben Monaten gar nicht bemerken, wie geschickt und gekonnt er Sie um seine winzigen Fingerchen wickelt. Und mit wieviel Raf-

finesse er das erreicht, was er haben will. Nämlich Ihre volle und totale Aufmerksamkeit!

Holt mich hier raus!

Sitzt Ihr Spatz im Laufstall und hat nun gar keine Lust mehr darauf, wird er natürlich brüllen. Lautstark, wie es seine Art ist. Und mit Nachdruck. Halten Sie dann bitte mal ein bißchen länger durch als sonst. Zunächst wird er Ihnen einige Spielsachen entgegenschleudern. Dann seine Lockenpracht schütteln. Erstaunt darüber, daß Sie seinen Wunsch nicht gleich erfüllen. Schließlich setzt er eine furchtbar beleidigte Miene auf und verfällt in ein brütendes Schweigen. Die plötzliche Stille wird Ihnen mehr in den Ohren schmerzen als das größte Gebrüll. Und so holen Sie Ihren Schatz heraus aus dem Käfig. Aber glauben Sie bloß nicht, daß er es Ihnen mit einem strahlenden Lächeln dankt. Ganz und gar nicht. Löwe-Kinder können ziemlich nachtragend sein. Es kostet Sie viele Küsse und Schmusereien, ehe es Ihnen huldvoll verzeiht.

Wir sind beim nächsten Stichwort: huldvoll. Ihr Kind besitzt nämlich eine natürliche Auto-

rität und Würde. Man kann das bereits bei den winzigsten Löwe-Mondchen feststellen. An ihrer Haltung. Sie ist beeindruckend, irgendwie erhaben. Denken Sie an einen König, der auf seinem Thron sitzt und milde auf seinen Hofstaat blickt. Na, entdecken Sie die Ähnlichkeit? Ich brauche Ihnen wohl nicht zu sagen, wer der König und wer der Hofstaat ist.

Vorsicht: Löwe-Mondchen, die gewohnt sind, den Ton anzugeben, lassen sich später nur schwer umerziehen. Bremsen Sie seine Begeisterung und seinen Willen zum Führen nicht. Aber stecken Sie schon frühzeitig seine Grenzen ab. Auch wenn es noch so schwerfällt. Noch ein Tip: Tadeln Sie den kleinen Prinzen oder die kleine Prinzessin niemals vor anderen. Das wird Ihnen nie verziehen. Sie haben mein Wort drauf ...

Die ersten Schritte – die große Freiheit

Ein typisches Löwe-Mondchen übt am allerliebsten im Verborgenen. Auf wackeligen Beinchen hangelt es sich am Couchtisch hoch. Hoppla, hingeplumpst. Macht nichts. Nochmal probieren. Es wird nicht lange dauern und Löwe-Mondchen steht sicher und beeindruckend aufrecht vor dem Sofa. Erster Schritt, zweiter Schritt. Aha, so geht das also! Noch einer. Und noch einer. Schaut jemand zu? Jetzt will es Publikum, jetzt will es gelobt werden. Sie sind begeistert. Ihr Löwe-Mondchen auch. Man könnte fast glauben, es hat all die Monate nur auf diesen Moment gewartet. Laufen! Hurra, das wahre Leben kann beginnen!

Spätestens jetzt werden die Kinder auf dem Spielplatz und dort in der Sandkiste feststellen, wer der Boß ist. Hält sich eines der Kinder nicht an die Spielregeln (die Ihr kleiner Schatz natürlich ganz allein bestimmt), wird

51

er sich in voller Größe vor ihm aufbauen und ihm klarmachen (wenn es sein muß mit Händen und Füßen), wie der Hase läuft. Dein Förmchen? Nichts da – die Förmchen sind für alle da! Und für mich besonders!

Wenn Sie ihm allerdings erklären, daß jedes Kind mal an der Reihe ist und daß Teilen gerecht ist, wird er einsichtig sein. Löwe-Mondchen haben nämlich einen ausgeprägten Sinn für Gerechtigkeit. Kleine Egoisten, wie sie sein können, wollen sie dennoch niemanden verletzen. Also doch: Die Förmchen sind für alle da!

Es wird Ihnen auch auffallen, daß Ihr kleiner Spatz – egal, ob Junge oder Mädchen – vor anderen Kindern gerne prahlt. „Ich habe viel mehr Spielsachen als du!" Oder: „Meine Mama ist viel schlauer als deine!" Oder aber Ihr Purzel stellt sich oben auf die Rutsche, läßt einen Tarzanschrei los, damit auch ja alle herschauen (Publikum!), und versucht, im Stehen herunterzurutschen. Prahlen und Imponierge-

respektiert zu werden. Übertragen Sie Ihrem Löwe-Mondchen kleine Aufgaben, geben Sie ihm Aufträge. Das Besteck zum Tisch tragen, die Teller hinterher. Seine Schuhe holen, die Jacke und die Mütze. Beim Abwasch helfen oder beim Wäsche sortieren. Und – zur Erinnerung: Loben Sie es nach vollbrachter Tat. Das spornt es an. Erwarten Sie aber nicht, daß Ihr Lockenköpfchen den Spinat wegputzt, den es voller Hingabe an die Lehne seines Kinderstuhls geschmiert hat. Denn gegen „niedere" Arbeiten lehnt es sich auf. Putzen und Co. – das paßt nicht zu einer kleinen Majestät.

„Das geht so nicht!"

Die Trotzphase ist für Eltern eines Löwe-Mondchens eine schwere Zeit. Mit seinem ausgeprägten Willen und Machtanspruch versucht es, sich lauter, vehementer und ausdauernder durchzusetzen als andere Kinder. Nein, Sie brauchen jetzt nicht in Panik auszubrechen. Alle Eltern kämpfen während dieser Phase. Und alle sind irgendwann am Ende mit den Nerven. Wo ist das fröhliche, heitere, warmherzige und in gewissem Sinne auch großzügige Kind geblieben, das eben noch zufrieden in seiner Spielecke saß? Wie Rumpelstilzchen stampft es jetzt auf seinem Kinderbuch herum und kreischt und wütet und tobt. Warum? Vielleicht, weil es aus Ungeschicktheit eine Seite zerrissen hat. Vielleicht, weil das Buch nicht seinen Vorstellungen entsprach. Vielleicht auch, weil Sie nicht dabeisaßen und ihm vorgelesen haben. Gründe gibt es viele. Und oft auch gar keine. Machen Sie sich das bewußt. Wenn Löwe-Mondchen trotzt, dann meist, weil es sich verletzt fühlt. Nicht genug beachtet. Andere trotzen häufig dann, wenn sie etwas nicht bekommen. Nicht so Ihr Löwe-Mondchen. Es wird trotzen, weil ihm etwas nicht gelingt. „Das geht so nicht!"

habe gehören zur Natur des Löwe-Mondchens wie das Eis zur Arktis. Bevor es zu Raufereien oder schlimmen Unfällen kommt, sollten Sie also etwas unternehmen. Was? Ganz einfach: Packen Sie Ihren kleinen King bei seiner Würde. Erklären Sie ihm, daß Prahlen und Imponiergehabe für einen gescheiten kleinen Jungen oder ein intelligentes Mädchen einfach unwürdig ist. Das leuchtet Löwe-Mondchen ein. Denn unwürdig – nein, alles, bloß das nicht!

Wie heißt das Zauberwort?

Nun, Sie wissen es natürlich. Aber weiß es auch Ihr kleiner Liebling? Viele Löwe-Mondchen vergessen Wörtchen wie „Bitte", „Danke", „Entschuldigung". Nicht, weil sie unhöflich sein wollen. Nein, sie nehmen vieles einfach als Selbstverständlichkeit hin. Es liegt an Ihnen, ob Sie es dabei belassen wollen. Dann müssen Sie sich allerdings auch mit Ihrer Rolle als Hofdame abfinden. Keine Lust dazu? Verständlich. Bringen Sie Ihrem Kind deshalb lieber rechtzeitig bei, daß Respekt anderen gegenüber die Voraussetzung dafür ist, selbst wird es schreien, wenn es etwas nicht fertigbringt. „Das ist doof!" wird es kreischen, wenn der Klötzchenturm immer wieder umfällt, weil er zu hoch und zu wackelig war. Löwe-Mondchen wird schimpfen, weil es etwas kaputtgemacht hat. Weil Sie nicht da waren. Weil sich in diesem Moment die ganze Welt gegen es verschworen hat. Nehmen Sie Ihr Kind zärtlich in den Arm, sagen Sie beruhigende Worte. Beheben Sie den Schaden, falls möglich. Erklären Sie ihm, warum Sie nicht da waren. Hilft alles nichts, sollten Sie Ihr Löwe-Mondchen in Ruhe lassen. Und sich nicht seiner Tyrannei aussetzen. Es würde sich diese Taktik sofort aneignen. Über das Trotzalter hinaus.

Im Grunde seines Seelchens ist Ihr kleiner Prinz oder Ihre Prinzessin aber warmherzig, großzügig und mit ausreichend Beifall auch zufrieden. Wenn es die Trotzphase hinter sich hat, wird es ausgeglichener sein und als Sonnenscheinchen in die Geschichte Ihrer Familie eingehen. Es wird einem Spielkameraden Geld geben, wenn dieser keines hat, um sich ein Eis zu kaufen. Es wird ein kleines Kätzchen mit nach Hause bringen, das es auf dem Spielplatz fand. Es wird das Kind trösten, das vom Klettergerüst gepurzelt ist – und es wird Sie zärtlich in den Arm nehmen, wenn es spürt, daß Sie traurig oder niedergeschlagen sind.

Zeit der Zärtlichkeit

Vielleicht besuchen Sie mit Ihrem Schatz bald einmal den Zoo. Mit etwas Glück können Sie dort eine Löwenmama mit ihren Jungen beobachten. Schauen Sie genau hin: Ganz ähnlich benimmt sich doch Ihr Wonneproppen, oder? Vergnügt purzeln und kullern die Babys um ihre Mama herum, sie kuscheln sich in das Fell und knuffen sie zärtlich an die Nase. Ihr Kind ist nicht anders. Es liebt solche zärtlichen Rangeleien mehr als alles andere auf der Welt. Knuddeln Sie es abends im Bett, ehe Sie ihm eine aufregende Geschichte erzählen. Lassen Sie es über Sie krabbeln, Ihre Haut spüren. Streicheln Sie ihm über die Brust, die sensibelste Körperpartie eines Löwe-Kindes. Es wird schnurren vor Wonne, wenn Sie es zärtlich kratzen, kneten, massieren.

Lehrers Liebling

Natürlich wissen Sie, wieviel Charme Ihr Liebling besitzt. Daß er es damit aber sogar fertigbringt, sich um die Hausaufgaben herumzumogeln – das hätten Sie nun nicht gedacht, oder? Tatsache ist, daß Löwe-Mondchen intelligent sind und eine rasche Auffassungsgabe besitzen. Den Fleiß allerdings haben sie nicht erfunden. Warum hat Ihr Kind dann aber trotzdem so gute Beurteilungen, warum lobt der Lehrer Ihren Schatz bei jedem Elternabend über den grünen Klee? Sie wissen doch ganz genau, daß er die Hausaufgaben oft vergißt oder sie nur im Vorbeigehen erledigt … Ganz einfach: Ihr Schatz ist auch der Schatz des Lehrers. Erinnern Sie sich doch einfach zurück, wie es war, als Ihr Baby gerade einmal ein halbes Jahr alt war und Sie um den Finger wickelte. Genauso geht es jetzt ihm. Ein sonniges Lächeln, ein betörender Augenaufschlag, ein zuvorkommendes „Guten Morgen, Herr Kaiser, darf ich Ihre Tasche tragen?" – und schon sind die vielen kleinen Sünden vergessen. Sie glauben mir nicht? Dann schleichen Sie sich doch mal während der Pause zum Schulhof, und beobachten Sie, wen Ihr Liebling umgarnt! Allerdings wird auch der Lehrer oder die Lehrerin irgendwann hinter diese Taktik kommen. Dann heißt es: Ran ans Werk! Mit Zwang werden Sie bei Ihrem Löwe-Mondchen aber gar nichts erreichen. Mit Strafe (Fernsehverbot, Gameboy-Entzug)

53

LÖWE-MONDCHENS TRAUMBERUFE

Löwe-Mondchen haben eine natürliche Scheu davor, sich die Finger schmutzig zu machen. Nein, sie streben nach Höherem.

Und dort sind sie eigentlich auch am besten aufgehoben: auf dem Chefsessel. Ob als Chef eines Konzerns oder als Kopf einer kleinen, aber eigenen Firma – Löwe-Mondchen sind einfach geborene Macher. Treten sie in eine Firma ein, dann nur mit dem einen Ziel: nach ganz oben zu gelangen. Stellen sie fest, daß die Aufstiegsmöglichkeiten begrenzt sind, kündigen Sie, ohne lange zu fackeln, und wechseln zu einer aussichtsreicheren Firma. Es ist klug, junge Löwe-Mondchen im Außendienst einzusetzen. Als Vertreter, Verkaufsleiter oder Repräsentanten der Firma. Die Kunden werden ihn wegen seiner frischen und herzlichen Art mögen. Auch wegen seiner vollendeten Manieren und seiner Fachkenntnis. Später, in reiferen Jahren, ist sein Platz im gehobenen Management. Löwe-Mondchen lieben den Umgang mit glänzenden Materialien. Sie sind hervorragende Goldschmiede, Juweliere, Schmuckdesigner. Jeder Löwe, ob männlich oder weiblich, denkt einmal im Leben darüber nach, Politiker zu werden. Was noch in Frage käme: Arzt, Rechtsanwalt, Nachrichtensprecher oder Kundenberater.

Früchte schmecken sooooo gut!

Vor ein paar Wochen besuchte mich eine Freundin. Sie wußte sich keinen Rat mehr: Ihr Töchterchen, ein Löwe-Mondchen, wollte einfach nicht essen. „Suppe mag sie nicht. Fleisch will sie nicht. Gemüse schmeckt ihr nicht. Sie will Pommes, Pommes und nochmal Pommes. Ich weiß wirklich nicht, was ich ihr noch anbieten soll", klagte meine Freundin. Viele Kinder – und besonders Löwe-Mondchen – sind sehr wählerische Esser. Womit man sie dennoch zu einer ausgewogenen Kost überlisten kann, ist die Optik. Denn Löwe-Mondchen essen zunächst einmal mit den Augen. Gefällt ihnen, was auf dem Teller liegt, dann wollen sie es auch probieren. Spricht es sie optisch nicht an, ignorieren sie das Essen. Und auch den Hunger. Ich riet meiner Freundin, den Teller in Zukunft hübsch zu verzieren. Auf den Dotter eines Spiegeleis mit Hilfe von Schnittlauch ein lustiges Gesicht zu „malen", aus dem Kartoffelpuffer mit Karottenstreifen eine Sonne zu dekorieren, auf der Suppe eine Schnittlauchente schwimmen zu lassen und darauf zu achten, daß immer genügend Früchte (am besten Südfrüchte) im Haus sind. Löwe-Mondchen lieben in aller Regel Früchte. Als meine Freundin kürzlich anrief, war sie begeistert. Zusammen mit dem Töchterchen dekoriert sie Tag für Tag neue Figuren, Männchen und vieles mehr auf den Tellern. Die Kleine ißt zwar immer noch

auch nichts. Appellieren Sie lieber an seine Eitelkeit. Fragen Sie es beiläufig, ob es denn allen Ernstes Klassenletzter werden möchte. Ob es denn keine Lust mehr hat, allen zu zeigen, was in ihm steckt. Das wird meist helfen. Und falls es sich dann wirklich an die Arbeit macht, loben Sie es. Und immer wieder: Beifall für die gute Note – auch wenn sie nicht die beste ist.

> ## LÖWE-MONDCHENS
> ### BESTE FREUNDE
>
> Am liebsten umgeben sich Löwe-Mondchen mit Kindern, die ihre Autorität akzeptieren, die sich gerne leiten und führen lassen. Jungfrauen zum Beispiel. Oder Krebse. Kritisch dürfte der Umgang mit einem Steinbock-Mondchen sein. Denn Steinbock-Mondchen haben ihren eigenen, ehrgeizigen Kopf. Eine lustige und immer fröhliche Beziehung: Löwe-Mondchen und Zwillinge-Mondchen. Aufregend und niemals langweilig: Löwe-Mondchen mit Schütze- und Wassermann-Mondchen.

Vögelchen-Portionen – aber immerhin, sie ißt nun, was auf den Tisch kommt.

Spiel und Spannung

In diesem Punkt unterscheiden sich Löwe-Jungs und Löwe-Mädchen ein bißchen. Löwe-Jungs lieben Kampfspiele. Sie sind die Indianer-Häuptlinge, die Generäle, die Super-Detektive. Also wieder mal die Bosse. Löwe-Mädchen sind etwas zurückhaltender. Sie wirken von klein auf irgendwie damenhaft. Sie haben Spaß an hübschen Kleidern, an schönen Frisuren und an den Kosmetika ihrer Mama. Löwe-Mädchen spielen gerne „Mutter und Kind", wobei sie natürlich die Rolle der Mama übernehmen. Wer sein Löwe-Mondchen von kleinauf fördern möchte, sollte sich nach einer Laienschauspielgruppe erkundigen, nach einem Singkreis oder einer Kindertanzschule. Löwe-Mondchen sind herrliche kleine Schauspieler und Tänzer, denen es leichtfällt, Texte und Schrittfolgen zu lernen. Außerdem lieben und brauchen sie, wie bereits erwähnt, das Publikum. Sie werden das Strahlen in seinen Augen nicht mehr vergessen, wenn Ihr Schatz zum ersten Mal auf der Bühne steht und zum besten gibt, was er gelernt hat. Sportlich gesehen wählen Löwe-Mondchen ebenfalls eher den Einzelkampf als Mannschaftssportarten. Oder aber sie werden innerhalb kürzester Zeit Kapitän der Truppe. Interessant sind auf jeden Fall Tennis, Squash, Ballett, Selbstverteidigungs-Sportarten wie Judo oder Karate, aber auch Golf und Skifahren.

In jungen Jahren mögen Löwe-Kinder eher Filme als Bücher. Doch später stürzen sie sich dann auf Erzählungen von Helden und ihren großen Taten. In ihren Jugendbüchern erwarten sie Geschichten, die sich um Gerechtigkeit drehen. Und schließlich, im Teenie-Alter, sind es Bücher, in denen es um die erste Liebe geht. Löwe-Mondchen sind körperlich und geistig oft früher reif als ihre Altersgenossen. Und sie entdecken früher das Interesse am anderen Geschlecht. Ganz klar: Weil sie charmant und großzügig und selbstbewußt sind, dürften die ersten Anrufe nicht lange auf sich warten lassen. Ihr Löwe-Mondchen ist gefragt und hat unendlich viele Bewunderer! Besorgen Sie sich dann am besten ein zweites Telefon mit eigener Nummer. Denn der Hörer klebt ab sofort am Ohr Ihres allseits beliebten Löwe-Mondchens!

Der wunderschöne Vogel

In einem fremden Land und dort auf einem großen, alten Baum wohnte ein wunderschöner Vogel. Seine Federn glänzten und schillerten in allen Farben des Regenbogens. Er war so schön und konnte so wunderbar singen, daß alle Menschen, die ihn auf ihrem Spaziergang sahen, stehenblieben und bewunderten. Dann plusterte er sich auf und flötete aus Leibeskräften. War er alleine, flog er mal hierhin, mal dorthin und ließ seine prächtigen Federn in der Sonne glänzen. Die anderen Vögel bewunderten ihn sehr. Gerne hätten sie auch ein so schönes Gefieder gehabt.

Eines Tages setzte sich ein kleines Vögelchen neben den wunderschönen Vogel. „Gib mir doch eine deiner Federn ab", bat es. Doch der schöne Vogel lachte nur und sagte: „Warum sollte ich dir eine meiner Schillerfedern geben? Die gehören mir und mir ganz alleine!" Das kleine Vögelchen flog traurig davon. Da setzte sich ein anderes Vögelchen neben den wunderschönen Vogel. „Spiel' mit mir, schöner Vogel", sagte es zu dem wunderschönen Vogel. Doch der lachte nur und sagte: „Warum sollte ich mit dir spielen? Du bist nicht halb so schön und bunt wie ich. Mit dir will ich nicht spielen." Das kleine Vögelchen flog traurig davon.

Da kam ein anderes Vögelchen angeflogen. Es setzte sich neben den wunderschönen Vogel und bat ihn: „Lieber schöner Vogel, willst du für mich einen Wurm fangen? Ich bin krank und schwach und kann ihn mir nicht selbst aus der Erde ziehen." Da lachte der wunderschöne Vogel und sagte: „Warum sollte ich dir einen Wurm fangen? Geh' fort und such' dir einen anderen dummen Vogel, der dir die Arbeit abnimmt!" Das kleine Vögelchen schüttelte ungläubig sein Köpfchen und flog davon. Plötzlich erschien eine große, dicke Wolke am Himmel. Direkt über dem alten Baum, in dem der wunderschöne Vogel wohnte. Schwarzer Regen fiel in dicken Tropfen aus ihr heraus – und der schöne bunte Vogel war plötzlich pechschwarz. Keine einzige seiner Schillerfedern schillerte mehr. „Das soll deine Strafe sein", sagte eine Stimme. „Schwarz bist du jetzt wie ein Rabe!"

Der wunderschöne Vogel, der jetzt schwarz war wie ein Rabe, weinte und weinte. Wenn Leute vorbeikamen, beachteten sie ihn gar nicht. Und die anderen Vögelchen flogen schnell davon, wenn sie ihn sahen. Jetzt war der wunderschöne Vogel, der nun schwarz war wie ein Rabe, ganz alleine.

Traurig flog er hierhin und dorthin. Er kam an einen See und sah sein Spiegelbild im Wasser. „Oje, bin ich häßlich", weinte er kläglich, als er sich sah. Doch, was war das? Plötzlich hörte er noch jemanden weinen. Genauso kläglich, genauso traurig. „Hallo, wer weint denn da?" fragte der wunderschöne Vogel, der jetzt schwarz war wie ein Rabe. „Huhuhu", machte es, und ein winziges Vögelchen tapste auf ihn zu. Es war so klein, daß es noch gar nicht fliegen konnte. „Ich bin aus unserem Nest gefallen", schluchzte es. „Und dann habe ich mich verlaufen!" – „Ach, du armes, kleines Ding", sagte der wunderschöne Vogel, der jetzt schwarz war wie ein Rabe. „Komm, setz' dich auf meinen Rücken. Ich will mit dir umherfliegen und dein Nest suchen!" Gesagt, getan. Schnell setzte sich das Baby-Vögelchen auf den Rücken des wunderschönen Vogels, der jetzt schwarz war wie ein Rabe, und schon flogen sie umher und hielten Ausschau nach dem Nest. „Da, da, da", rief das Vögelchen plötzlich aufgeregt und zeigte mit seinem Flügelchen auf eine schöne große Tanne. „Dort wohnen wir", sagte es. Behutsam landete der wunderschöne Vogel, der jetzt schwarz war wie ein Rabe, auf der Tanne und setzte das Vögelchen sanft in das Nest. Dort warteten bereits die drei Geschwisterchen des Vögelchens. War das ein Gepiepse, als sie ihren kleinen Bruder wiederhatten. Und dann kamen auch schon die Mama und der Papa angeflogen. „Herzlichen Dank", sagten sie zu dem wunderschönen Vogel. „Wir haben schon den ganzen Tag nach unserem Baby gesucht!" Da erschien eine wunderschöne weiße Wolke am Himmel. Direkt über der großen Tanne. Schillernd bunter Regen fiel aus ihr heraus. Und plötzlich hatte der wunderschöne Vogel sein buntes und glitzerndes Gefieder wieder. „Das ist der Dank dafür, daß du geholfen hast!" sprach eine Stimme vom Himmel herab. Oh, wie freute sich der wunderschöne Vogel. Er rupfte vier Schillerfedern aus seinem Gefieder und schenkte jedem der Vogelbabys eine. Und jedem anderen Vogel, der ihn darum bat, schenkte er auch eine. Bald hatte jedes Vögelchen im Wald eine Schillerfeder. Und die Leute kamen und freuten sich über die wunderschönen Vögel in diesem Wald. Am allermeisten aber freute sich der wunderschöne Vogel. Er hatte gelernt, daß Schönheit alleine nicht glücklich macht. Jetzt hatte er viele Freunde und spielte mit ihnen den lieben langen Tag. Und abends saßen alle bei ihm auf dem großen, alten Baum und ließen im letzten Sonnenlicht ihre Glitzerfedern leuchten.

Das Jungfrau-Mondchen

BESCHEIDENHEIT IST IHRE ZIER

Sie sind so ruhig, so diszipliniert, richtige Musterkinder.
Doch hinter der eher kühlen Fassade schlägt ein unsagbar romantisches Herz.
Und ein verspieltes. Man muß nur wissen, wie man Jungfrauchen
aus der Reserve lockt ...

Es mag Ihnen vielleicht zu denken geben, daß Ihr süßer kleiner Spatz so ruhig und so friedlich in seinem Bettchen liegt. Ringsum brüllen sich die anderen Neugeborenen die Seele aus dem Leib – und Ihres liegt einfach nur da, schaut sich die verschwommene Welt an, in die es eben erst katapultiert wurde – und ist zufrieden? Keine Sorge, alles in Ordnung. Spätestens wenn der erste „Stinker" in der Windel landet, werden Sie Ihr Jungfrau-Mondchen kennenlernen: Zwar wird sich auch das Gebrüll im Vergleich zu dem der anderen Säuglinge eher zaghaft und quäkend anhören. Doch schauen Sie sich das Gesichtchen an: knallrot, wütend. Baby ist außer sich: Kann denn niemand dieses nasse Etwas am Popo wegmachen?

Ihr Jungfrau-Mondchen ist äußerst reinlich. Und wählerisch! Sie werden verschiedene Windelmarken oder -arten ausprobieren müssen, um herauszubekommen, welche Windel Ihrem Schatz denn nun das sauberste und trockenste Gefühl rund um den rosigen Po vermittelt. Sie haben bisher über die berühmten Windelwerbungen im Fernsehen gelacht? Ihr Jungfrau-Mondchen wird Sie eines Besseren belehren! Naja, vielleicht haben Sie ja auch Glück und erwischen gleich auf Anhieb die richtige.

Immer schön mit der Ruhe!

Der erste große Besucheransturm. Alle, alle sind gekommen, um Ihren Wonneproppen auf der Welt zu begrüßen. Oma, Opa, die beste Freundin halten die Köpfe über das Bettchen: „Eieiei" und „Guckguckguck", „Dadada" und „Süßes Kind". Nehmen Sie Ihr Baby dann „in Schutz". Jungfrau-Mondchen reagieren auf fremde Geräusche, Gesichter und Gerüche äußerst sensibel. Halten Sie es liebevoll im Arm, wiegen Sie es sanft hin und her. Das wird es beruhigen. „Alleingelassen" in seinem Bettchen, könnte es in Panik ausbrechen. Sie sicherlich auch – angesichts des aufgeregten kleinen Bündels.

Frust, Ärger und Angst schlagen Jungfrau-Mondchen in aller Regel auf die Verdauung. Übrigens ein Leben lang. Selbst als Erwachsene leiden sie in Streßsituationen überdurchschnittlich häufig unter Durchfallattacken oder Verstopfung. Legen Sie sich also gleich ein Wärmefläschchen zu, womit Sie das aufgewühlte Bäuchlein beruhigen können. Streicheln Sie Ihrem Schatz nach jeder Mahlzeit einige Minuten lang über den Bauch. Falls Sie einen Jungen bekommen haben, müssen Sie mit den berüchtigten Dreimonatsblähungen rechnen. Fencheltee schafft Abhilfe. Und viel Liebe.

Die meisten Eltern lösen die Blähungen, indem sie ihr Baby in stundenlangen (und

meistens nächtlichen) Spaziergängen durch die Wohnung tragen. Versuchen Sie doch mal folgendes: Setzen Sie sich bequem vor das Sofa, oder lehnen Sie sich an die Rückwand Ihres Bettes. Legen Sie nun Ihr Baby auf ein großes Kopfkissen (je nach Vorliebe auf den Bauch oder den Rücken), das auf Ihren ausgestreckten Beinen liegt. Nun „wiegen" Sie die Beine sanft hin und her. Weil Sie bei dieser Methode beide Hände frei haben, können Sie gleichzeitig den aufgeblähten Bauch massieren. Ideal ist diese Methode übrigens auch noch später, um Ihren Schatz in den Schlaf zu wiegen. Und Sie haben die Hände frei, um vielleicht ein Buch zu lesen.

Die Jungfrau liebt's spartanisch

Bei vielen baumeln im Kinderzimmer scheppernde und klappernde Figuren über dem Bettchen, bunte, wildgemusterte Tapeten reizen das Auge, in der Ecke muht auf Knopfdruck eine Kuh, eine Puppe ruft „Mama, Mama", und aus einer Spieluhr ertönt ein monotones Schlaflied. Eindrücke, die kleine Widder- oder Schütze-Mondchen begeistert aufnehmen. Ihr Jungfrau-Mondchen jedoch kann ganz gut darauf verzichten. Zu viele Reize machen ihm Angst. Viel angenehmer ist für Ihr Baby ein Schmusetier im Bettchen – wenn möglich in sanften Naturfarben. Oder eine Schmusewindel. Natürlich kann auch über dem Jungfrau-Bettchen ein Mobile schaukeln. Doch auch hier sollten Sie darauf achten, daß es nicht in grellen Farben, sondern in zarten Pastelltönen gehalten ist. Zarte Farben, leise Töne kommen dem Naturell Ihres Kindes viel näher.

Alles, was wachsen soll, braucht Wärme. Die wichtigste Wärmehülle für Ihr Jungfrau-Mondchen ist die Liebe der Familie. Die Zärtlichkeit von Mama und Papa. Aber eine andere Wärme gehört ebenso dazu: gesunde, warme Kleidung aus Naturfasern. Inzwischen weiß man auch, daß in den vergangenen Jahren die Baby-Hygiene übertrieben wurde. Klar, Ihr kleiner Spatz legt besonders großen Wert auf Sauberkeit, doch sollten Sie sich überlegen, ihn trotzdem nur einmal in der Woche zu baden. Er duftet doch ohnehin wie eine wunderschöne Blume. Durch jedes Bad verliert der kleine Körper nämlich an Wärme. Und jeder Wärmeverlust ist ein „Hartmacher". Das Kind muß Kräfte opfern, um sich wieder zu erwärmen. Kräfte, die den inneren Reifeprozessen abgezogen werden müssen. Man sollte deshalb Badezimmer, Badetuch und frische Kleidung beim wöchentlichen Baden sorgfältig vorwärmen. Baden Sie Ihren Schatz vor dem Zubettgehen. Sehen Sie, wie er sich anschließend in seinem Bettchen an die Wärmeflasche kuschelt?

61

Rhythmen und Rituale

Irgend jemand hat einmal behauptet, nach Jungfrau-Mondchen könnte man seine Uhr stellen. Er lag damit ganz richtig. Denn Ihrem Spatz ist die Einhaltung „seiner" Rhythmen heilig. Jede Mutter, die sich schon einmal mit dem Jungfrau-Mondchen in der Stadt verbummelt hat, weiß das: Keine fünf Minuten nach der üblichen Essenszeit wird der Wonneproppen unruhig. Zehn Minuten später ist seine Geduld erschöpft. Weinend, quäkend und mit hochrotem Gesichtchen macht er seine Mama darauf aufmerksam, daß die Zeit überschritten wurde. Um zehn Minuten – Unverschämtheit! Mama wird sich das hinter die Ohren schreiben.

Jedes Kind braucht Rhythmen und Rituale. Doch die Jungfrau-Mondchen noch ein bißchen mehr als alle anderen. Wenn Sie Ihrem Baby abends immer ein Lied vorgesungen haben, wird es darauf auch in Zukunft nicht verzichten wollen. Haben Sie es vor dem Zubettbringen ein bißchen geschaukelt? Sie werden das einige Jahre lang tun müssen. Morgens haben Sie es mit einem Kuß aus dem Bett geholt? Wenn Sie das einmal in der Eile vergessen, wird es so lange weinen, bis Sie von selbst darauf kommen, was ihm zum Start in den Tag fehlt. Rhythmen und Rituale vermitteln ihm Sicherheit und Geborgenheit. Ihr Kind hat von früh an Methode. Es wird sich beschweren, wenn etwas anders als gewohnt abläuft. Falls sich Ihr Tagesplan ändert, müssen Sie Ihren Schatz sehr behutsam mit der neuen Situation vertraut machen.

Die ersten Schritte

Bevor Jungfrau-Mondchen auf seinen wackeligen Beinchen steht und sich vorsichtig am Bücherregal entlanghangelt, wird es wohl schon einige Worte sprechen können (bezeichnend, daß es am Bücherregal übt). Jungfrau-Mondchen lernen nämlich sehr zeitig und fließend sprechen. So wird es seinen Ärger auch lauthals kundtun, wenn die Beine wieder einmal versagen und es unsanft auf den Po plumpst. Helfen Sie ihm wieder auf. Mit vielen lieben Worten. Lob ist lebenswichtig für die gesunde Entwicklung seines Selbstwertgefühls. Lachen Sie nicht über den „Unfall". Das könnte Ihrem Kind erst einmal den Mut zum nächsten Versuch nehmen.

Interessant ist übrigens, daß sich Jungfrau-Mondchen scheinbar länger als andere Kinder mit dem Laufenlernen Zeit lassen. Fast könnte man meinen, daß sie erst der Sprache mächtig sein wollen, ehe sie die Welt auch körperlich entdecken.

Sie haben es schon bemerkt: Ein Hansdampf in allen Gassen ist ein Jungfrau-Mondchen nicht. Im Gegenteil: Auf Fremde wirken diese Sternenkinder immer ein wenig schüchtern und zurückhaltend. Sie als Eltern hören sicherlich täglich Komplimente wie „Was für ein braves Kind!", „Nein, haben Sie aber ein Glück!", „Ihr Kind ist aber wohlerzogen!" Sie sonnen sich darin – wissen es aber besser! Denn im Kreis seiner Lieben kann Jungfrauchen ganz schön bissig sein. Was denn, in der Suppe schwimmen Erbsen? Ein aufgebrachter Blick sagt mehr als tausend Worte: Die gehören da doch nun wirklich nicht hinein, Mama! Die Spaghetti sind zu weich? Al dente, Mama, al dente!

Schauspielerische Talente

Selten erwähnt wird übrigens die schauspielerische Begabung dieser Kinder. Wer täglich mit ihnen umgeht, weiß aber sicherlich davon: Nachahmen ist ein Kunst, die die Jungfrau-Mondchen wie keine anderen beherrschen. So kommt es schon mal vor, daß der süße kleine Fratz sein winziges Fingerchen hebt und damit böse herumfuchtelt. Genauso, wie's der Papa tut, wenn Baby sich mal wieder an der Blumenerde zu schaffen gemacht hat. Oder es schaut Sie lange und durchdringend an, die Stirn in tiefe Falten gelegt – wie's die Mama macht, wenn Baby den Spinat nicht essen will. Vorteil dieser Begabung: Jungfrau-Mondchen sind begeistert, wenn sie helfen können. Im Haushalt, beim Putzen, beim Staubsaugen, beim Staubwischen. Jede Wette: Machen Sie

Mondchen kann furchtbar pedantisch sein. Kann Sie damit zur Weißglut bringen. Besonders während der Trotzphase. Es wird weniger Geschrei machen, weil es etwas nicht bekommt. Nein. Jungfrau-Mondchen brüllt und wird hysterisch, wenn man seine Gewohnheiten oder Vorlieben mißachtet! Weil es das Lieblingsbilderbuch nicht findet (das Sie weggeräumt haben!!) oder die Gabel nicht rechts, sondern aus Versehen links vom Kinderteller liegt. Sie haben verstanden? Halten Sie sich also an das Gewohnte, wenn Ihnen Ihre Nerven etwas wert sind.

Zum Glück geht aber auch bei Jungfrau-Mondchen die Trotzphase vorbei. Schneller als bei anderen sogar, weil sie im Grunde sehr vernünftig und in jedem Alter reifer als andere Kinder sind. Im Kindergarten wird es die anderen beobachten und sich vielleicht über deren Babysprache lustig machen. Doch wenn eines der „Babys" ungerecht behandelt wird,

63

eine Arbeit vor – Jungfrau-Mondchen wird sein Bestes geben, um Sie exakt zu kopieren. Und seinen größten Spaß haben, wenn Sie es für sein Können loben.

Tauschen Sie mit Ihrem Schatz oft die Rollen. Er spielt Mama, Sie das Kind. Ein aufregendes, tolles Spiel. Nicht nur für Ihr Jungfrau-Mondchen. Auch für Sie. Wie kein anderer wird es Ihnen einen Spiegel Ihrer selbst vor die Nase halten. Wenn Sie ihm eine Geschichte vorgelesen oder erzählt haben, spielen Sie sie nach. Lassen Sie Ihr Kind die Hauptrolle übernehmen. Auch das hebt sein Selbstwertgefühl.

Ihr Jungfrau-Mondchen – ein Wunderkind?

Nicht doch. Natürlich haben Sie nach dem bisher Gelesenen sicherlich den Eindruck, ein Muster an Vollkommenheit großzuziehen? Nun, dann warten Sie mal ab, was geschieht, wenn Sie ihm ein T-Shirt anziehen wollen, in dem eine Falte ist. Oder wenn der kleine Cousin ein Spielzeug ablutscht. Ihr Jungfrau-

JUNGFRAU-MONDCHENS TRAUMBERUFE

Im Berufsleben gelten Jungfrau-Mondchen ebenfalls als treu, gewissenhaft, fleißig und zuvorkommend. Vorausgesetzt, sie befinden sich in einem ausgeglichenen Team, in dem jeder gleichviel Mitspracherecht hat. Unvernunft oder Großspurigkeit strapazieren die Nerven eines Jungfrau-Mondchens über Gebühr. So wird man diese Menschen auch eher in „ruhigen" Berufen und in solchen finden, die der Allgemeinheit dienen: in medizinischen, in wissenschaftlichen, in analytischen. Gut aufgehoben sind Jungfrauen in Steuerbüros, in Laboratorien, in Apotheken, im Rechnungswesen oder in den Personalbüros großer Firmen.

sterten Jungfrau-Mondchen sogar jeden Spaß nehmen. Pflichtbewußt, wie es ist, wird es nebenbei gerne Aufgaben rund um den Klassenalltag übernehmen. Viele Kinder dieses Zeichens werden – für viele völlig überraschend – Klassensprecher und später gar Schulsprecher. Warum? Weil sie absolut unbestechlich sind und sich beherzt für ihre Mitschüler einsetzen.

Spiel und Sport – aber bitte mit Logik!

Beginnen Sie schon früh, Ihrem Kind Märchen, Geschichten und Kinderreime vorzulesen oder zu erzählen. Es wird alles begeistert in sich „hineinfressen". Achten Sie aber darauf, daß die Geschichten logisch sind. Jungfrau-Mondchen sind Mini-Realisten, denen sofort auffällt, wenn eine Geschichte nicht Hand und Fuß hat. Wichtig ist auch gutes Lernspielzeug. Farbspiele, Buchstabenspiele, Puzzles und Memory regen es an. Mit bunten Klötzchen können Sie es nicht lange beschäftigen. Wichtig ist Ihrem Schatz der erzielte Lerneffekt. Es ist stolz wie Harry, wenn es wieder etwas gelernt hat. Klötzchen aufeinanderstapeln? Das kann doch jeder!

vergißt Ihr Schatz all seine Zurückhaltung, baut sich vor dem Ungerechten auf und hält ihm eine Moralpredigt. Sie haben richtig gelesen: eine Moralpredigt. Recht und Unrecht – mit diesem Wissen wird Ihr Kind geboren. Instinktiv spürt es, was richtig und was falsch ist. Nichts ärgert es mehr als Feigheit, Übervorteilung und Ungerechtigkeit.

64 In der Schule gehören Jungfrau-Mondchen zu den erklärten Lieblingen der Lehrer. Sie sind folgsam, fleißig und niemals aufmüpfig. Duckmäuser also? Streber? Keinesfalls. Jungfrauen lernen einfach gerne. Dafür gehen sie doch schließlich in die Schule. Und damit wollen sie dort auch ihre Zeit verbringen. Wissen ist Macht – ein Spruch, der von einem Jungfrau-Mondchen stammen könnte. Es will und braucht eine gute und gründliche Ausbildung. Denn das Gefühl, weniger zu wissen als andere, macht Ihr Kind zu einem reizbaren, introvertierten Erwachsenen, der unter seiner „Unzulänglichkeit" und „Unwissenheit" leidet. Doch Vorsicht: Häufige Kritik (wegen unterlaufener Fehler zum Beispiel) trifft Ihr Jungfrau-Mondchen äußerst empfindlich. Nun gibt es schon sein Bestes – und Sie nörgeln immer noch an ihm herum? Nicht doch. Bei einem Jungfrau-Mondchen reicht es, einmal auf den Fehler hinzuweisen. Tatsache: Ein zweites Mal wird er ihm nicht unterlaufen. Vorhaltungen (weil es „nur" eine Zwei und keine Eins geschafft hat) können dem sonst so lernbegei-

Wenn Sie es sportlich fördern möchten, dann wählen Sie am besten eine Mannschaftssportart. Fußball gefällt zwar den meisten kleinen Jungs – Ihrem Jungfrau-Mondchen liegt das sanftere Handball aber sicher besser. In der Gruppe fühlt sich auch Ihr Jungfrau-Mond-Mädchen wohler. Eine Kindergymnastikgruppe ist genau das Richtige. Oder eine Tanzgruppe. Zwar sehnen sich Jungfrau-Mondchen nicht gerade nach dem Rampenlicht. Doch in Wettkämpfen oder in Darbietungen werden Sie Ihren Schatz kaum mehr wiedererkennen: Wenn er sein Lampenfieber überwunden hat, zeigt er allen, was in ihm steckt. Vor allem Ihnen.

Jungfrauchens Erziehung

Manche Jungfau-Mondchen-Eltern beklagen sich über das zurückhaltende, „unterkühlte" Wesen ihres Kindes. Sie leiden darunter, daß ihr Kind nur ganz selten zum Kuscheln kommt, auf dem Schoß sitzen oder schmusen will. Dabei sehnt sich das Jungfrau-Mondchen gerade danach. Und nach Anerkennung. Nehmen Sie deshalb jede Gelegenheit wahr, um Ihrem Kind körperliche Nähe zu vermitteln. Nehmen Sie es oft liebevoll in den Arm (besonders abends). Streicheln Sie es im Vorbeigehen über den Kopf, beim Spielen, beim Hausaufgabenmachen. Loben Sie es. Immer wieder. Sagen Sie ihm, wie hübsch es ist. Selbst die süßesten und gescheitesten Jungfrau-Mondchen müssen nämlich davon überzeugt werden, daß sie mit ihrer scheuen und zurückhaltenden Art mindestens genauso reizvoll sind wie die temperamentvollen Löwe- oder Zwillinge-Monde. Ein Tip: Schenken Sie Ihrem Kind wenn möglich ein kleines Haustier. Ein kleines, wohlgemerkt, kein großes. Je niedlicher, je besser. Sie werden überrascht sein, wie fürsorglich und verantwortungsbewußt Ihr Kind sich um das Tierchen kümmert, das fortan nicht nur der liebste Spielkamerad, sondern auch der heimliche Tröster sein wird.

JUNGFRAU-MONDCHENS BESTE FREUNDE

Insgeheim bewundern Jungfrau-Mondchen aufgeweckte, lustige und allzeit zu Streichen aufgelegte kleine Rabauken wie zum Beispiel die Zwillinge- oder die Schütze-Mondchen. Doch sind sie selbst viel zu vernünftig oder zu scheu, um derart aus sich herauszugehen. So wenden sie ihre Sympathie eher ruhigen Zeitgenossen wie zum Beispiel Steinbock- oder Krebs-Mondchen zu. Mit den künstlerischen Waagen könnte sie eine schöne und wohl auch lebenslange Freundschaft verbinden. Weil die so heiter und so ausgeglichen sind. Zwecklos ist wahrscheinlich, einem Jungfrau-Mondchen ein hitziges Widder- oder Löwe-Mondchen als Spielgefährten zu suchen. Das könnte nur funktionieren, wenn im Horoskop Ihres Kindes viele Planeten in den Feuerzeichen plaziert wären. Sehr viel besser würde es sich mit einem Stier-Wildfang verstehen, der im Grunde ebenfalls ruhig und zufrieden ist. Oder mit einem verträumten Fisch, der seine Phantasie anregt.

Wenig Probleme dürften Sie mit der Reinlichkeit Ihres Kindes haben. Von klein an räumen Jungfrau-Mondchen ihre Spielsachen ganz von alleine auf, sie halten das Zimmer in Ordnung, die Schubladen, die Schränke. Übersichtlich muß es sein. Chaos verunsichert Jungfrau-Monde. Gut wäre, würden Sie ihm immer wieder kleine Aufgaben übertragen. Nach der Post schauen, die Zeitung holen, den Tisch decken. Das gefällt Jungfrauen. Weil es ihnen ein Gefühl von Verantwortung vermittelt. Sie übernehmen sie gerne. Früh für sich – und später dann für Sie und ihre eigenen Kinder.

Die zehn Küken

Das Huhn Berta hatte zehn Küken.

Das rote, das ging Körner picken.

Das blaue rannte zu dem Bach.

Das grüne versteckte sich unterm Dach.

Das gelbe suchte einen Wurm.

Das weiße kletterte auf den Turm.

Das schwarze spielte mit dem Kind.

Das braune flatterte im Wind.

Das goldene schlief im Hühnerstall.

Das graue warf den bunten Ball.

Das rosarote schließlich blieb allein
und hing an Mama Bertas Bein.

Und nun bist du dran, schlaues Kind:
Zeig' mir, wo die Küken sind!

66

Hier sieht man die zehn verschiedenfarbigen Küken nacheinander zum Draufdeuten. Und auf der anderen Seite die Bilder der Orte, wo sie sind. Ziel ist, daß die Kinder die Zuordnung lernen.

Das Waage-Mondchen

ENTSCHEIDEN IST SOOOO SCHWER!

„Nein, wie süß!" Kennen Sie diesen Spruch? Klar, als Eltern eines Waage-Mondchens ganz bestimmt. Daß nur Sie wissen, welch ein Teufelchen in Ihrem Wonneproppen steckt, ist Ihr Geheimnis. Und daß es noch einige mehr gibt, entdecken Sie auf den folgenden Seiten!

Sie haben ein paar dringende Behördengänge zu erledigen. Ihre beste Freundin hat sich bereit erklärt, zwei Stunden auf Ihr entzückendes Waage-Mondchen aufzupassen. Sie kommt und schlägt dem süßen Fratz vor, auf den nahegelegenen Spielplatz zu gehen. Ihr Kind überlegt. Dann sagt es: „Ich will aber mit Mami gehen!" Sie erklären Ihrem Schatz, daß es ihm auf dem Amt furchtbar langweilig werden würde. Ihr Waage-Mondchen läuft zu Ihrer Freundin, gibt ihr bereitwillig die Hand und trottet ein paar Schritte mit. Dann dreht es sich um, die Stirn liegt in tiefen Grübelfalten. „Ich glaube, auf dem Amt wird es mir nicht langweilig!" Es reißt sich los und rennt zu Ihnen zurück. „Gut, mein Schatz", sagen Sie geduldig, „dann kommst du eben mit mir!" Ihr Kind steht unschlüssig zwischen Ihnen beiden. Es rennt wieder zur Freundin und sagt: „Vielleicht ist mein Freund Adrian auf dem Spielplatz?" Die Freundin und Ihr Waage-Mondchen gehen ein paar Schritte. Sie ziehen Ihre Jacke an, greifen nach der Handtasche. Plötzlich reißt sich Ihr unentschlossenes Waage-Mondchen wieder los und stürmt auf Sie zu: „Meinst du, auf dem Amt gibt es Papier und Buntstifte?" Nach etwa einer halben Stunde fallen Sie völlig entnervt auf den Autositz. Im Kindersitz hinter Ihnen thront Ihr Schatz, neben Ihnen die Freundin. Waage-Mondchen hat es geschafft: Sie fahren gemeinsam zum Amt. Die Freundin wird draußen mit ihm spielen, während Sie drinnen alles erledigen. Und danach gehen alle zusammen ein schönes Eis essen!

Einmal hü, einmal hott

Was sagt Ihnen diese kleine Geschichte? Gleich dreierlei: Zum einen, daß sich Ihr Spatz mit Entscheidungen furchtbar schwertut. Zum anderen, daß er schon

in jungen Jahren diplomatische Fähigkeiten hat. Und schließlich: Am Ende ist in aller Regel er der Sieger! Sie schütteln den Kopf? Hätten härter durchgegriffen? Nun, nehmen wir mal an, Sie hätten die beiden, Freundin und Waage-Mondchen, kurzerhand ins Auto gepackt und zu dem Spielplatz gefahren. Glauben Sie bloß nicht, daß die Sache für Ihr Kind damit erledigt gewesen wäre. Es hätte eine halbe Stunde friedlich gespielt (die Stirn aber immer noch in Grübelfalten gelegt) – und dann schließlich *die* Idee gehabt: „Komm, jetzt laufen wir zum Amt und überraschen Mami!" Dabei hätte es Ihre Freundin derart süß und unschuldig angelächelt, daß diese ihm den Wunsch nicht hätte abschlagen können. Beide wären losgelaufen. Und wenn Sie aus dem Amt getreten wären, hätten Sie Freundin und Spatz fröhlich winkend auf einer Bank sitzen sehen; dann hätten Ihnen beide vorgeschlagen, nun noch ein schönes Eis zu essen ...

Everybody's darling

„So ein süßes Baby!" Und: „Einfach entzückend!" Und: „Diese runden, rosigen Bäckchen!" Und: „Ein richtig kleiner Engel!" Klar, Ihr Waage-Mondchen ist die Attraktion auf der Säuglingsstation. Alle sind begeistert. Die Hebamme, die Kinderschwester. Der Geburtshelfer. Ja, vermutlich kommen auch aus den anderen Abteilungen noch Leute herbeigeeilt, um dieses Prachtbaby zu bewundern. „Nein, wie süß", schallt es aus dem Säuglingszimmer. Und Sie liegen in Ihrem Bett und wissen, daß es sich wieder mal um Ihr Baby dreht. Kaum ein anderes Mondzeichen kommt mit derart ausgeglichenen, schönen Gesichtszügen auf die Welt. Mit einem solch sonnigen Gemüt. Und

mit einer derart wonnigen Ausstrahlung. Wenn es an der Brust nuckelt, kuschelt es sich eng an die Mama, die Fingerchen liegen weit ausgestreckt auf der warmen Haut, und mit seinem noch verschwommenen Blick himmelt es die Mama an. Schauen Sie bei dieser Gelegenheit doch einmal nach, ob es vielleicht ein winziges Grübchen am Kinn hat. Hat es? Dann will ich Ihnen ein Sprüchlein verraten, das meine Kollegin Linda Goodman einmal im Zusammenhang mit den kleinen Waage-Wesen geschrieben hat: „Grübchen am Kinn – Teufel drin!"

Falls Sie ein eher nervöser Typ sind, werden Sie recht bald herausfinden, was damit vor allem gemeint ist: Ihr Kind wird Ihre Geduld mit seinem ständigen Abwägen auf eine schwere Probe stellen. Immer wieder. Soll ich? Soll ich nicht? Oder doch? Oder doch nicht? Nun, stellen Sie sich einmal eine ganz normale, althergebrachte Gemüsewaage vor. So eine mit zwei Waagschalen. Es dauert eine ganze Weile, ehe die beiden im Lot sind. Mal hängt die eine oben und die andere unten, dann wieder umgekehrt. Tragen Sie dieses Beispiel in Ihrem Herzen, wenn sich Ihr Wonne-Waage-Mondchen das nächste Mal wieder nicht entscheiden kann, ob es sein Fläschchen im Liegen oder doch eher im Sitzen trinken möchte. Auf Ihrem Schoß? Oder vielleicht alleine im Bettchen?

Warum verhalten sich diese Kinder so? Vor allem, weil sie gerecht sein wollen! Und aus der Angst heraus, etwas falsch zu machen. Manche behaupten, weil sie alles gleichzeitig haben wollen. Doch das stimmt nicht. Ein typisches Waage-Mondchen sucht immer den Ausgleich. Es findet tausend Für und Wider und tut sich wirklich schwer damit. Helfen Sie ihm deshalb bei seinen Entscheidungen. Nehmen Sie Ihr Kind, setzen Sie sich auf seinen Lieblingssessel, und sagen Sie ihm liebevoll, aber mit Nachdruck: „Am allerbesten schmeckt das Fläschchen im Liegen auf Mamas Schoß. Und weil es für mich bequemer ist, setze ich mich auf diesen Sessel." Waage-Mondchen brauchen Argumente, um eine Entscheidung zu akzeptieren. Völlig falsch wäre es, dieses empfindsame Wesen ohne Worte auf den Schoß zu hieven und ihm das Fläschchen in den Mund zu stecken. Nein, so funktioniert das nicht mit einem Waage-Mondchen. Es würde das Fläschchen nicht genießen können, weil es nur damit beschäftigt wäre, darüber nachzudenken, ob diese Position nun *wirklich* die allerbeste ist.

Etwas Ruhe braucht der Mensch!

Und Waage-Mondchen mehr als andere. Sie sind zwar überaus aktive kleine Persönchen, doch nach Anstrengungen müssen sie sich ausruhen. Von kleinauf schaffen es Waage-Mondchen, in einen erquickenden Sekundenschlaf zu fallen. Und dann bitte: Keine lauten Geräusche! Waage-Mondchen sind äußerst schreckhaft. Schon als Neugeborene zucken die meisten ängstlich zusammen, wenn der Kinderschwester etwas herunterfällt. Sorgen Sie im Kinderzimmer für helle, freundliche und niemals grelle Farben. Pastelltöne liegen

71

den kleinen Waagen am meisten. Rosarot und Himmelblau, Mimosengrün oder ein freundliches, helles Gelb. Mozarts „Kleine Nachtmusik" gefällt ihnen als Einschlafhilfe. Aber auch sanfte Pianoklänge (vom Band). Tip: Legen Sie Ihrem Schatz niemals zwei Schmusetierchen ins Bett. Es wird nicht einschlafen können, weil es sich nicht entscheiden kann, welches es denn nun festhalten soll ...

Tripp, trapp – jetzt kann ich laufen!

Wie gesagt: Ihr kleiner Engel ist überaus aktiv und neugierig. Alles wird genauestens untersucht, gedreht, gewendet, abgelutscht und wieder herausgespuckt. Weiches Spielzeug gefällt ihm von Natur aus besser als harte Klötzchen oder Figuren. Waage-Mondchen wird sich recht bald auf den Bauch drehen, den Popo heben und entdecken, daß man auf den Knien laufen kann. Und wie schnell saust

es plötzlich durch die Wohnung! Es entdeckt auch die letzten Winkel. Oft nur wenige Wochen später kommt der Tag, an dem es sich an seinem Laufstallgitter hochzieht. Beifall für den Schatz! Jetzt geht das Leben richtig los: Auf seinen stämmigen Beinchen und mit ausgestreckten Armen zum Ausbalancieren (Waage-typisch!) unternimmt es seine ersten Schritte in dieser Wunderwelt. Überfordern Sie ihn aber nicht. Wenn Sie auf dem Spaziergang bemerken, daß er müde wird, setzen Sie ihn lieber gleich in den Buggy zurück. Dort wird er neue Energien sammeln und schon bald wieder laufen wollen. Vielleicht fällt Ihnen ja auch auf, daß Ihr kleiner Liebling im Gegensatz zu anderen Kindern eher tänzelt denn geht? Falls ja, dann erkundigen Sie sich am besten gleich nach einer Kinderballettschule in der Nähe. Waage-Mondchen sind begnadete Tänzer – Jungs wie Mädels!

Und noch mehr Talente!

Nämlich Malen und Musik. Lassen Sie diese Talente nicht verkümmern. Aber powern Sie das Kind nicht mit gängiger Popmusik voll. Waagen sind große Ästheten. Sie haben ein Gespür und ein tolles Gehör für klassische Musik und einen ausgeprägten Sinn für Farben. Beides kann Ihrem Waage-Mondchen als Entspannungsmethode dienen, wenn es sich draußen verausgabt hat und nun Zeit braucht, um sich wieder zu sammeln. Zeichnen Sie viel mit Ihrem Kind, mit einer schönen Musik im Hintergrund. Wer die Möglichkeit hat, sollte es ein Instrument erlernen lassen. Klavier vielleicht. Oder Violine.

Wenn es die Schönheit nicht gäbe ...

... würde sie Ihr Waage-Mondchen erfinden! Sicherlich kommen Sie eines Tages ins Badezimmer und entdecken Ihr Waage-Mond-

Mädchen auf einem Hocker vor dem Spiegel stehen. Auf den Augenlidern leuchtet Ihr blauer Lidschatten, auf den Wangen zartroséfarbenes Rouge. Die Lippen schimmern perlmuttfarben. Gekonntes Make-up. Und dabei ist Ihre Kleine doch erst drei!? Und falls Sie einen Waage-Mond-Jungen haben? Der wird sich in Papas schönstes Hemd hüllen und sich das teuerste Eau de Toilette übers Lockenhaar kippen. Fertig ist der kleine Kavalier! Schön sein – das ist für kleine Waagen das A und O. Versuchen Sie bloß nicht, Ihrem Dreikäsehoch zum Spielen in der Sandkiste ein T-Shirt anzuziehen, auf dem sich ein Klecks vom gestrigen Mittagessen befindet. Igittigitt, Mama! Waage-Mondchen will hübsch sein – sogar beim Spielen. Unternehmen Sie doch mal folgenden Versuch: Legen Sie Ihrem Kind verschiedene Hosen und T-Shirts, Strümpfe und Schuhe zur Auswahl hin. Lassen Sie es die Kombination selbst entscheiden. Es wird zwar vermutlich zwei Stunden dauern, bis es sich sicher ist, was es denn nun tragen soll – doch dann werden Sie staunen: Das komplette Outfit ist farblich perfekt aufeinander abgestimmt. Besser hätten Sie selbst auch nicht kombiniert! Jede Wette!

Das Sonnenscheinchen

Haben Sie eine ältere, alleinstehende und ziemlich unbeliebte Dame in der Nachbarschaft? Sobald Ihr Waage-Mondchen die ersten Alleingänge macht, wird es diese Frau hinter den Gardinen am Fenster entdecken. Es wird der Dame freundlich zuwinken und ihr ein reizendes Lächeln schenken. Sie wird den Rest des Tages damit verbringen, über dieses süße Kind, dieses Sonnenscheinchen nachzudenken. Und dann wird sie jeden Tag zur gleichen Zeit am Fenster oder im Garten stehen und auf Ihr Waage-Mondchen warten. Sehnsüchtig. Und gar nicht mehr biestig.

Wie kein anderes Zeichen verstehen es die Waage-Mondchen, die Herzen anderer zu erweichen. Wenn sie lachen, geht die Sonne auf. Sie haben eine solch bezaubernde Art, daß sie jeden (wirklich jeden!) um die kleinen Fingerchen wickeln können. Ohne große Mühe – absolut natürlich. Und immer freundlich. Sie selbst wissen es ja längst: Ihr Waage-Mondchen ist der erklärte Liebling der Familie. Und deshalb auch ganz schön verwöhnt. Wer könnte ihm auch widerstehen, wenn es mit großen Augen auf den Riesenteddy im Schaufenster schaut? Oder auf die Süßigkeiten im Supermarkt? Bekommt es nicht, was es möchte, wird es (wie alle Kinder) zwischen seinem zweiten und vierten Lebensjahr – wie ich es nenne – „diplomatisch trotzen". Wie das geht? Es wird erst bitten, dann schluchzen. Schließlich liegt Waage-Mondchen jammernd auf dem Sofa oder auf dem Boden vor Ihnen. Es wird lange dauern, ehe es kreischt oder hysterisch brüllt. Hochrot wird es dabei selten werden. Schließlich ist man auch beim Trotzen gerne hübsch. Bekommt es das Objekt seiner Begierde immer noch nicht, wird es Ihnen vermutlich mit Liebesentzug drohen. Sie böse, böse angucken. Werden Sie dann bloß nicht weich. Erklären Sie ihm, warum es jetzt nicht gut ist, das oder jenes zu haben.

Wenn es Ihre Erklärung nicht akzeptiert, versuchen Sie es mit Ignoranz. Hören Sie nicht mehr hin, sondern tun Sie Ihre Arbeit. Und schauen Sie ihm nicht in die weitaufgerissenen, tränenüberströmten Augen. Die machen Sie schwach. Garantiert!

In der Schule: Fragen über Fragen!

In der Schule wird Ihr Kind vor allem durch seine vielen, vielen Fragen Aufsehen erregen. Warum ist das so – und nicht anders? Sie kennen das – aber der Lehrer noch nicht. Ich habe Bekannte, die von der jungen Grundschulleh-

---

> **WAAGE-MONDCHENS TRAUMBERUFE**
>
> Gerechtigkeit – das ist das A und O für Ihr Kind. Es leidet fast körperlich unter Ungerechtigkeit – ganz gleich, ob sie ihm selbst oder einem anderen widerfährt. Deshalb liegt eine Berufsrichtung fast schon von Kindesbeinen an auf der Hand: Rechtsanwalt, Staatsanwalt, im Idealfall Richter. Doch dürfen wir die musische Begabung nicht vergessen. Es gibt viele Schauspieler unter den Waage-Monden, Choreographen, Regisseure, Komponisten und Maler. Und schließlich findet man Waage-Monde auch in der Mode- und Schmuckbranche: als begnadete Designer, Modezeichner oder Goldschmiede.

---

rerin nach dem Elternabend zur Seite genommen wurden und zu hören bekamen, daß sie Probleme mit dem Kind hätte. Nach einem ziemlich langen Gespräch hatten die Eltern endlich verstanden, was ihnen die Lehrerin eigentlich sagen wollte. Kernpunkt ihres Problems: Der Kleine fragte ununterbrochen und brachte deshalb den kompletten Unterrichtsplan durcheinander. Die Eltern reagierten verständnislos. Immerhin freuten sie sich über das Interesse des Kindes. Die Lehrerin war damit aber hoffnungslos überfordert.

Einem Waage-Mondchen kann man nicht einfach mit einer Behauptung kommen. Man muß immer erklären, warum etwas so ist. Hintergrundwissen spielt für Waagen eine große Rolle. Wenn nicht gar die Hauptrolle. Haben sie Lehrer, die ihnen dieses vermitteln, sind Waagen exzellente und auch zufriedene Schüler. Sie denken trotz der künstlerischen Ader glasklar und logisch. Tip: Unterstützen Sie den Lernwillen, indem Sie Ihrem Schatz kindgerechte Wissensbücher schenken, in denen er Interessantes über Geschichte, Biologie, Geographie und so weiter nachlesen kann. Mit den Zahlen und Fakten aus den Schulbüchern wird er sich nämlich nicht zufriedengeben.

Sport gehört dazu. Aber welcher?

Waage-Mondchen fühlen, denken und handeln gerecht. Sie haben ein großes Herz, wenn es darum geht, Benachteiligten zu helfen. Falls

Ihr Kind einen Mannschaftssport treiben möchte, wird es recht bald zum Mannschaftskapitän aufsteigen. Nicht, weil es so sportlich oder so motivierend wäre. Nein, weil es sich hingebungsvoll um seine Kameraden und deren Anliegen kümmert. Ideale Sportarten sind außerdem Bodenturnen, Eiskunstlauf und Geräteturnen. Wichtig bei der Wahl: daß der Sport ästhetisch ist und einen guten Körperausdruck voraussetzt.

Die Erziehung – ein Kinderspiel?

Es ist ziemlich leicht, ein Waage-Mondchen zu erziehen. Mit seinem herzerfrischenden, freundlichen und gewinnenden Wesen läßt es sich leicht führen – sofern man es in frühesten

> ## WAAGE-MONDCHENS BESTE FREUNDE
>
> Bestens verstehen sich die kleinen Waagen mit den verträumten und ebenso musischen Fischen und Krebsen. Aufregende Freundschaften ergeben sich mit den anderen beiden Luftzeichen Zwillinge und Wassermann. Etwas heikel dürfte die Beziehung zu den autoritären Löwen sein: Waage-Mondchen wird sie von vornherein anzweifeln. Doch auch hier gibt es eine Gemeinsamkeit: das große Herz und die ausgeprägte Menschenliebe.

Kindertagen nicht zu sehr verhätschelt und auf ein Mindestmaß an Disziplin geachtet hat. Waage-Mondchen sind sauber und ordentlich, sie lieben es behaglich und gemütlich. Eine kühle Atmosphäre kann für das sensible Waage-Kind eine Folter sein. Waage-Mondchen werden wie alle Kinder gerne gelobt – doch für sie bedeutet das Lob noch ein bißchen mehr. Weil sie im Grunde ihres Herzens eher unsicher sind (denken Sie an die Waagschalen, die auf und ab wippen), ist Lob das beste Fundament für ein ausgeprägtes Selbstbewußtsein. Waagen lieben es, mit den Eltern oder Geschwistern zu singen und zu tanzen, Musik zu hören oder auf dem Schoß ein Buch zu lesen. Nähe ist lebenswichtig. Besuchen Sie mit Ihrem Teenager-Mondkind Ausstellungen, Museen, Schlösser und Musikveranstaltungen. Es ist offen für alles Musische, es ist beeindruckt von Kunst und Architektur. Vielleicht können Sie später ja auch mal einen Besuch bei Gericht einplanen. Ihr Mondkind wird ergriffen sein von den Damen und Herren in den Roben. Und vielleicht spürt es instinktiv, daß dies der Platz ist, wo es seinen ausgeprägten Gerechtigkeitssinn am besten einsetzen kann.

75

Wie der kleine Dino eine Mama fand

Vor gar nicht allzulanger Zeit fing die Erde in dem ruhigen Dorf Liebstädt an zu beben. Die Dorfbewohner wurden ziemlich unruhig, als ihre Tassen beim Kaffeetrinken plötzlich anfingen zu klappern. Auch die Felsen rund um Liebstädt wackelten. Und in der großen Höhle, in der man vor Jahren die Knochen einiger Dinosaurier gefunden hatte, stürzte die Decke ein. Das krachte vielleicht! Doch was, glaubst du, passierte noch durch das Erdbeben? Du glaubst es nicht: Durch das Geschüttele kullerte aus einer Felsritze tief unten in der Höhle, wo alles seit Ewigkeiten vereist war, ein großes, rundes Dino-Ei. Weil die Höhle plötzlich keine Decke mehr hatte, schien die Sonne direkt auf das Ei. Es war Hochsommer, und du kannst dir vorstellen, wie heiß es war. Abends machte es plötzlich „knack", die Eischale platzte – und heraus purzelte ein Dino-Baby. Langsam öffnete es seine Augen und streckte seine Beinchen aus. „Wo bin ich?" dachte es. Erstaunt schaute es sich um. Und dann merkte es plötzlich, daß sein Magen knurrte. Noch ziemlich unsicher auf seinen Dino-Beinen, kletterte das Dino-Baby die Felsen der Höhle erst hinauf – und draußen wieder hinunter. Unten im Tal, rund um das Dorf, sah es Bäume mit schönen saftigen grünen Blättern. „Hmmm", leckte es sich mit der Zunge über den Mund. Es stapfte einen Weg entlang. „Rums, rums, rums" machte das, denn das Dino-Baby war ja ziemlich groß und ziemlich schwer. An den Bäumen lehnten seltsame Dinge. Und auf diesen Dingen standen seltsame Wesen, die die süßen Früchte pflückten. Als sie aber das Dino-Baby sahen, brüllten sie erschreckt los und rannten so schnell sie konnten davon. „Hilfe, Hilfe!" riefen sie und fuchtelten mit ihren Armen. „Ein Ungeheuer ist hinter uns her." Klar – die Menschen fürchteten sich vor dem Dino, immerhin hatten sie noch nie einen lebenden gesehen. Das Dino-Baby fand es sehr komisch, daß alle vor ihm wegliefen. Es stand unter einem der Bäume und aß von den Blättern, als es auf der anderen Straßenseite etwas Rundes und Buntes im Gras leuchten sah. Ohne nach rechts und links zu schauen, lief es über die Straße! Auweia, da war es schon fast passiert: Ein Auto kam angesaust, der Fahrer erschreckte – und fuhr dem Dino-Baby fast über die Schwanzspitze. Das war knapp. Zitternd und bibbernd saß das Dino-Baby auf der anderen Straßenseite. „Was war das denn?" fragte es sich. Es fühlte sich furchtbar einsam und alleine. Riesige Dino-Tränen kullerten aus seinen Augen. Da sah es ein kleines Mädchen,

das ihn neugierig beobachtete. Es kam auf ihn zu und sagte: „Das runde Ding da, das ist mein Ball. Damit kann man spielen! Spielst du mit mir?" Aber dem Dino-Baby war es nicht nach Spielen zumute. „Ich fühle mich so alleine. Alle laufen vor mir weg, so ein großes komisches Ding hat mir sogar fast meinen Schwanz platt gemacht. Huhuhuhu", heulte das Dino-Baby. Dann fragte es: „Warum läufst du eigentlich nicht weg?" Das Mädchen lachte: „Weil ich keine Angst habe vor Dinos. Ich habe viel über euch gelesen. Und ich weiß, daß du ein lieber Dino bist! Allerdings bist du in einer ganz falschen Zeit zur Welt gekommen. Die Dinos sind schon vor vielen, vielen, vielen Jahren ausgestorben." Jetzt heulte das Dino-Baby noch lauter. Und noch größere Dino-Tränen liefen über sein Gesicht. Dann riß es plötzlich seine Augen weit auf: „Mama!" rief es. „Hab' ich also auch keine Mama mehr? Und keinen Papa?" – „Die sind vor langer, langer Zeit gestorben", sagte das Mädchen traurig. „Aber ich will nachdenken, wie ich dir helfen kann. Alleine kannst du jedenfalls nicht bleiben. Und bei uns kannst du nicht wohnen. In unserer Wohnung ist es viel zu eng für dich!" Das Mädchen legte seine Stirn in tiefe Falten. Ganz angestrengt dachte es nach. „Das ist die Lösung!" rief es schließlich. „Komm, Dino, ich bringe dich in den Zoo!" – „Was ist denn ein Zoo?" wollte Dino wissen. „Das ist ein Ort, an dem es viele, viele Tiere gibt. Der Zoodirektor ist mein Onkel. Er weiß bestimmt Rat." Die beiden trotteten die Straße entlang. Als sie ins Dorf kamen, standen dort schon viele neugierige Menschen. Der Autofahrer, der den armen Dino fast überfahren hatte, war auch dabei und erzählte zitternd von dem „Monster", das sich ihm in den Weg gestellt hatte. Und auch der Reporter der Tageszeitung war gekommen. Er machte gleich Fotos von dem Mädchen und dem Dino. „Ich bringe das Dino-Baby in den Zoo!"

erklärte das Mädchen. „Vielleicht weiß ja mein Onkel, wie wir dem armen Kerl helfen können." Alle Dorfbewohner liefen mit. Der Zoodirektor dachte schon, etwas Furchtbares wäre passiert, als er die riesige Menschenmenge sah. „Onkel, Onkel, du mußt uns helfen. Das Dino-Baby braucht doch auch eine Mama und einen Papa." – „Ich glaube, ich kann wirklich etwas für das arme Baby tun. Unsere Elefantendame Josie hat gerade ein Baby bekommen. Sicherlich nimmt sie noch ein weiteres Kind bei sich auf", sagte der Zoodirektor. Nun liefen alle im Gänsemarsch zum Elefantenhaus. Die Elefantendame schaute verwundert, als sie all die Leute sah. Der Zoodirektor sagte zu ihr: „Schau mal, Josie. Dieses arme Dino-Baby hat keine Mama mehr. Würdest du dich um es kümmern?" Josie schaute ziemlich kritisch. Doch als sie sah, wie traurig das Dino-Baby war, streckte sie ihren Rüssel aus und streichelte ihm zärtlich über die Nase. „Komm, mein Schatz", sagte sie. „Ich will dich genauso lieb haben wie mein eigenes Kind!" Dann kuschelten sich der Dino und das Elefantenbaby ganz eng an die Mama, und der kleine Dino spürte zum ersten Mal, wie schön es ist, eine Mama zu haben.

Das Skorpion-Mondchen

RAUHE SCHALE – WEICHER KERN!

*Es kann Ihnen mit seinen herrlichen Augen bis in die Seele gucken.
Deshalb bleibt ihm auch nichts verborgen. Gleichzeitig gibt es aber recht wenig
von sich selbst preis. Kaum jemand ahnt etwas von den intensiven Gefühlen,
die in einem Skorpion-Mondchen brodeln.*

Na, sowas: Wo ist denn nur Ihre schöne goldene Haarspange geblieben? Sie suchen das ganze Bad ab, Ihren Toilettentisch. Das Schlafzimmer, die Küche, das Eßzimmer, das Wohnzimmer. Sie schauen alle Schränke durch, alle Bücherregale. Irgendwo muß die Spange doch sein!? Schließlich fällt Ihr Blick auf Ihr Skorpion-Mondchen. Das sitzt pumperlvergnügt auf dem Teppichboden und schaut Ihnen begeistert zu. Mama macht ein tolles Spiel. Und nicht zum ersten Mal. Einfach klasse! Sie haben einen Blitzgedanken: „Wo ist Mamas Haarspange?" säuseln Sie dem Dreikäsehoch ins Ohr. „Na, weißt du, wo Mamas Haarspange ist?" Der Schatz setzt sich in Bewegung und krabbelt zum großen Sofa. Er legt sich platt davor und schaut mit glänzenden Augen darunter. Sie legen sich dazu – und trauen den Ihren nicht: Da liegt die Spange. Daneben Ihr Armband. Und Vaters beste Krawatte. Ein Topfdeckel und ein Kochlöffel. Ein Schnuller, eine Rassel und schließlich noch ein Ohrclips. Sie haben eben viel mehr entdeckt als etwa nur all die Dinge, die Sie in letzter Zeit vermißt haben: nämlich Skorpion-Mondchens heimliche Schatztruhe!

Die kleinen Skorpion-Wesen lieben Heimlichkeiten. Ich glaube, es gibt kein Skorpion-Mondchen, das nicht irgendwo ein Plätzchen, ein Köfferchen, eine Schachtel hat, wo es all die Dinge sammelt, die ihm gefallen. Deshalb schon der erste Tip: Schenken Sie Ihrem Schatz bereits im Krabbelalter eine „Schatztruhe". Und schauen Sie dort als allererstes nach, wenn Sie wieder etwas vermissen. Aber genauso heimlich bitte, wie es dort hineingekommen ist. Skorpion-Mondchen trennen sich nämlich höchst ungern von ihren Schätzen!

Hurra, ich bin da!

Wenn Sie Ihr Baby das erste Mal im Arm halten, wird Ihnen etwas auffallen: Es sieht irgendwie anders aus als die anderen Babys, die Sie kennen. Reifer, entwickelter. Viele Skorpion-Mondchen kommen mit einem sehr ausgeprägten, ja beinahe baby-untypischen Gesicht auf die Welt. Und mit einem sehr entschlossenen Gesichtsausdruck. Machen Sie Fotos von Ihrem Schatz. Am besten gleich in seinen ersten Lebenstagen. Denn schon bald wird er die üblichen Pausbacken bekommen und den Babyspeck. Wenn Sie die Fotos allerdings in zwanzig oder fünfundzwanzig Jahren wieder anschauen, werden Sie verblüfft sein: Nach all den verschiedenen Entwicklungsstufen hat er als Erwachsener plötzlich wieder das gleiche ausgeprägte Gesicht. Den gleichen entschlossenen Gesichtsausdruck. Auf kein anderes Kind trifft der alte Spruch mehr zu: Wie kurz nach der Geburt, so im Alter!

Ein weiteres Merkmal Ihres Skorpion-Mondchens: seine tiefgründigen Augen. Selbst in seinen allerersten Lebenstagen werden Sie oft den Eindruck haben, daß es Ihnen bis in die letzten Abgründe Ihrer Seele schaut. Später, wenn es größer ist, wird es mit Ihnen im Bus sitzen und wildfremde Leute anblicken. Die werden dann nervös auf ihren Sitzen hin- und

herrutschen. Skorpion-Blicke sind immer hypnotisch und verwirrend, ein Ausdruck innerer Stärke. Sie werden das spätestens bemerken, wenn Ihr Schatz im Laufstall sitzt, sein Gesichtchen gegen die Gitterstäbe drückt und Sie anstarrt. Wütend. Und beleidigt, weil er jetzt doch viel lieber da draußen auf Entdeckungstour ginge. Oder am Kabel Ihres Bügeleisens herumspielen würde. Starren Sie zurück. Halten Sie seinem Blick stand. Sie fühlen sich vielleicht wie das berühmte Kaninchen vor der Schlange – doch es ist die einzige Möglichkeit, ihm Ihre Stärke zu beweisen. Sagen Sie ein deutliches, aber freundliches „Nein!". Das imponiert schon dem kleinsten Skorpion-Mondchen. Es wird Sie bewundern, weil Sie die Kraft haben, ihm zu widerstehen. Gratulation! Die erste Runde ging an Sie. Glauben Sie aber nicht, daß es dabei bleiben wird. Schon kurze Zeit später wird Skorpionchen den „Kampf" wieder aufnehmen ...

Der kleine Forscher

Die meisten Kinder haben Angst vor Dunkelheit. Nicht so Ihr Skorpion-Mondchen! Sobald es krabbeln kann, wird es die dunklen Ecken in Ihrer Wohnung besuchen und erkunden. Vielleicht klettert es in Ihren Kleiderschrank. Vielleicht unter die Spüle. Sie werden viel Zeit damit zubringen, den verschwundenen kleinen Abenteurer zu suchen. Und deshalb liebt er auch das bekannte Spiel „Guckguck? Da!". Nehmen Sie dafür eine große Decke, die Sie über Ihr Kind legen, und fragen Sie dann verdutzt: „Ja, wo ist denn mein Schatz?" Kaum ein Skorpion-Mondchen, das dieses Spiel nicht stundenlang spielen will. Und dann wäre da noch das gute alte Versteckspiel. Es wurde wahrscheinlich

sogar von einem Skorpion-Mond erfunden. Es wird begeistert durch das Zimmer krabbeln und Sie suchen. Neben seinem ausgeprägten Forscherdrang steckt nämlich in jedem Skorpion-Mondchen auch ein großer „Detektiv". Das birgt allerdings auch Gefahren: Ihr Schatz wird mit seinem klaren und scharfen Verstand sofort erfassen, welche Dinge Sie ihm vorenthalten. Feuer zum Beispiel. Oder Medikamente. Putzmittel oder Messer. Davon sind Skorpion-Mondchen fasziniert. Sie werden alles daransetzen, hinter das Geheimnis dieser Dinge zu kommen. Falls nicht schon vorhanden, kaufen Sie sich einen abschließbaren Medikamentenschrank, der in unerreichbarer Höhe hängt. Lassen Sie keine Streichhölzer oder Feuerzeuge herumliegen, denn Ihr Schatz hat Ihnen gut zugeschaut und weiß, wie man damit Feuer macht! Die Putzmittel gehören in einen abgeschlossenen Schrank. Und die Messer? Und die Gabeln? Papas Schraubenzieher? Am besten auch in unerreichbare Höhe (gehen Sie aber davon aus, daß Ihr Spatz bald auf die Idee mit dem Hocker kommt!).

81

Mamas Liebling

Neben seinem Tatendurst und seinem Forscherdrang hat Ihr Spatz aber auch einen großen Bedarf an Ruhe. Ich denke hierbei weniger an Schlaf, sondern an Zeiten, in denen er sich „aus dem Geschehen" zurückziehen kann. Bücher bieten eine ideale Möglichkeit dafür. Denken Sie beim Kauf aber an Skorpion-Mondchens Vorliebe fürs Forschen und Aufspüren. Aufklapp-Kinderbücher gefallen ihm tausendmal besser als die herkömmlichen Bilderbücher. Skorpione wollen alles wissen, wollen „hinter die Kulissen" schauen. Nehmen Sie es beim Vorlesen oder Anschauen auf den Schoß. In diesen Ruhephasen ist Ihr Schatz besonders empfänglich für Ihre Liebe und Zärtlichkeit. Zwar tragen viele dieser Kinder eine kühle Maske, doch im Kern sind sie sehr sensibel und liebesbedürftig. Denen, die ein Skorpion-Mond liebt (und respektiert!), ist er ergeben. Seien Sie ihm Mutter und Freundin oder Vater und Freund gleichzeitig. Wenn Sie Kummer oder Ärger haben, wenn es Ihnen gesundheitlich schlecht geht oder Sie einfach nur gestreßt sind, wird Ihnen Ihr Schatz kurz sein weiches Herz zeigen. Dann legt er plötzlich sein winziges Händchen tröstend auf Ihre Stirn. Oder umarmt Sie. Schweigend, vermut

lich. Denn Skorpion-Mondchen sind keine Freunde großer Worte.

Deshalb behalten sie selbst Schmerz, Trauer oder Wut oft für sich. Wenn sich ein Skorpion-Mondchen verletzt fühlt, weint es selten dicke Tränen. Es wird sich eher in sein Zimmer oder in eine dunkle Ecke zurückziehen und friedlich weiterspielen. Doch es vergißt nicht. Das sollten Sie sich merken: Ein Skorpion-Mond vergißt nie! Falls es mal Streit in der Familie gibt, dann sollte dieser, wenn möglich, nicht vor den Augen und den Ohren des Kindes ausgetragen werden. Ihr Schatz trägt ein Zeichen, das prädestiniert ist für schlimme Alpträume – hervorgerufen durch Nervosität, Zwietracht oder Auseinandersetzungen. Leidenschaftlich, wie er ist, wird er sich in den Gedanken hineinsteigern, der Schuldige zu sein. Reden Sie deshalb oft mit Ihrem Kind. Erklären Sie ihm Ihre Gefühle. Bitten Sie um sein Verständnis, wenn Sie mal nervös oder fahrig sind. Ihr Schatz wird Sie verstehen. Egal, wie klein oder groß das Skorpion-Kind ist: Reife ist etwas, das Skorpion-Mondchen von Anfang an in sich tragen.

Seine Vorliebe: alles erforschen

Schon früh werden Sie bei Ihrem Kind eine unglaubliche Neugier feststellen, die sich vor allem auf naturwissenschaftliche Dinge konzentriert. „Mama, was ist Donner?" wird noch eine der leichtesten Fragen sein, die Ihnen Ihr Sprößling im Lauf seiner Lehrjahre stellt. Am besten, Sie laufen gleich los und kaufen sich das ausführlichste und erschöpfendste Lexikon, das Sie finden können. Und viele kindgerechte Wissensbücher, die Sie Ihrem Purzel schenken. Unterstützen Sie seinen Wissensdurst. Doch seien Sie sich über eines im klaren: Stillen werden Sie ihn nie können. Und das ist ganz gut so. Unter den Skorpion-Monden findet man die besten Forscher und Wissenschaftler, Psychologen und Therapeuten. Sie sind zeitlebens Suchende. Ziel der Suche: der Sinn des Daseins. Irgendwann werden Sie mit Ihrem Schatz im Park auf einer Bank sitzen. Im Sandkasten spielen all seine Kameraden. Ihr Skorpion-Mondchen aber schaut angestrengt in den Himmel und fragt Sie: „Woher kommt die Welt?" Jede Wette: Ihr Spatz wird so lange bohren, bis Sie ihm von der Urknall-Theorie erzählen. Er wird Ihnen begeistert zuhören! Die größte Freude machen Sie Ihrem Kind, wenn Sie Familienausflüge zu Höhlen unternehmen. Lassen Sie ihm viel Zeit, um sich alles ganz genau anzuschauen. Suchen Sie mit ihm zusammen nach einem besonders schönen „Höhlen-Stein". Er wird für die nächsten Jahre sicherlich sein bestgehüteter Schatz sein. Und auch sein Berufswunsch wird erst einmal feststehen: Höhlenforscher!

SKORPION-MONDCHENS TRAUMBERUFE

Skorpion-Mondchen arbeiten intensiv, hartnäckig und engagiert. Je größer ein „Problem", desto begeisterter kniet sich dieses Mondchen hinein. Mit Oberflächlichkeiten gibt es sich niemals zufrieden. Bekannt ist die Skorpion-Fähigkeit, sich in andere Menschen hineinzudenken. Deren Seele zu finden und zu erforschen. Viele machen aus diesem Talent ihren Beruf: Therapeut, Psychiater, Arzt. Großes Interesse besteht auch im wissenschaftlichen Bereich. So findet man viele Skorpion-Mondchen in den Forschungsabteilungen von Pharmakonzernen oder Unikliniken, in Sternwarten – und unter den Archäologen. Vermutlich *der* heimliche Traumberuf eines jeden Skorpion-Mondchens.

In der Schule: Klein-Einstein

Auch in der Schule wird sich Ihr Skorpion-Mond-Junge oder -Mädchen durch enormen Wissensdurst hervortun. Die Lehrer werden begeistert sein, denn es gibt außer Sprachen vermutlich kein Fach, das Ihr Kind nicht interessiert. Mathematische, physikalische oder chemische Formeln? Kein Problem für seinen wachen Verstand. Es wird sie nicht auswendig lernen wie viele andere, sondern gedanklich und logisch nachvollziehen können! Biologie, Geographie, Geschichte? Höchst interessant! Schwertun wird sich Ihr Skorpion-Mondchen allerdings mit der schulischen Disziplin. Und mit der Autorität des Lehrers oder der Lehrerin. Auch hier gilt die Devise: Nur wenn Ihr Kind den Pädagogen als Mensch und Lehrer respektiert, wird es die Anweisungen befolgen. Immerhin weiß Ihr Schatz aber vom ersten Schultag an: Er lernt für sich selbst und nicht für den Lehrer!

83

Skorpion-Mondchens brodelndes Innenleben

Manche bezeichnen Skorpion-Mondchen als Eigenbrötler, als Einsiedler oder als introvertierte Menschen. Das stimmt in gewisser Weise. In Ihrem Schatz brodeln sehr viel mehr und heißere Gefühle, als Sie sich vielleicht vorstellen. Weil er instinktiv spürt, daß andere anders sind, bemüht er sich von kleinauf, diese Gefühle und Leidenschaften zu unterdrücken. Sicherlich hören Sie von Freunden und Bekannten oft, was für ein ruhiges Kind Sie doch haben? Haben Sie? Nein, Sie wissen es besser. Denn manchmal läßt Ihr Spatz etwas von seinem Inneren heraus. Und dann kann man (falls er wütend ist) nur in Deckung gehen oder staunen über die Intensität des völlig überraschenden Gefühlsausbruchs. Es ist Ihre Aufgabe, für seine heftigen Gefühle

was zischt, brodelt und sich bewegt. Schenken Sie ihm einen Zauberkasten – und er wird (Ihnen) bald bühnenreife Vorstellungen geben. Oder ein Mikroskop, einen Chemiekasten oder Baukästen für höchst komplizierte Maschinen, Raketen oder Schiffe. Top-Tip: ein Doktorkoffer. Kleine Skorpion-Mond-Mädchen freuen sich darüber übrigens genauso wie die Jungs. Erklären Sie dem Kind aber von vornherein, daß damit nur gespielt werden darf. Sonst erwischen Sie Ihren Spatz irgendwann in seinem Kinderzimmer dabei, wie er eine Spinne seziert. Oder einen Wurm. Oder wie er aus dem Innern des geliebten Teddybärs den „Blinddarm" oder die „Mandeln" entfernt.

Falls Besuch von anderen Kindern angesagt ist, sollten Sie die großen und liebsten Spielzeug-Schätze allerdings vorsichtshalber wegräumen. Skorpion-Monde sind sehr eigen, was ihre Sachen betrifft. Wenn sich ein anderes Kind daran vergreift und sie vielleicht sogar noch beschädigt, wird die Rache furchtbar sein!

Gänsehaut gefragt

Ganz begeistert sind Skorpion-Mondchen von Gespenstergeschichten, Gruselabenteuern und Detektivgeschichten. Wählen Sie die entsprechenden Bücher aber bitte mit großer Vorsicht aus. Wie gesagt: Skorpion-Mondchen neigen zu Alpträumen. Jeder Schatten wird zum Monster, jedes Türe- oder Lädenklappern zur ernsten Bedrohung. Überfordern Sie Ihr Kind nicht mit Fernsehen. Lassen Sie es nicht alleine schauen. Auch nicht die harmlosesten Sendungen wie zum Beispiel Sesamstraße oder Kapitän Blaubär. Mit seiner herausragenden Phantasie wird das Skorpionchen sehr viel mehr in die Geschichten hineindeuten, als tatsächlich gezeigt wird.

ein geeignetes Ventil zu finden. Sport ist sicherlich die beste Methode, um kindliche Aggressionen, die logisch oft gar nicht nachvollziehbar sind, abzubauen. Außerdem steckt in Ihrem Skorpion-Mondchen genügend Power für zwei, was von sich aus nach zielgerichteter Bewegung ruft. Wählen Sie die Sportart aber nicht nach eigenem Empfinden aus. Lassen Sie Ihr Kind entscheiden, welchen Sport es treiben möchte. Schnell sollte er sein, viel Bewegung mit sich bringen. Wie wäre es mit Tennis, Volleyball oder Laufen? Später wird Ihr Mond-Kind vielleicht im Marathon die eigenen Grenzen suchen. Oder im Free-Climbing. Seien Sie sicher: Als Jugendlicher, spätestens als Erwachsener wird es sich für einen Sport begeistern, der ziemlich außergewöhnlich und vermutlich auch mit einem gewissen Nervenkitzel verbunden ist.

Doch bis dahin ist ja noch eine kleine Ecke Zeit. Zeit zum Spielen. Großen Gefallen haben die Mini-Forscher natürlich an allem,

Die Erziehung: hart, aber herzlich

Ähnlich wie beim Widder-Mondchen ist auch die Erziehung eines Skorpion-Mondchens eine Gratwanderung zwischen „hart" und „herzlich". Führen Sie Ihren Wonneproppen von früh an behutsam, aber mit starker Hand. Er hat eine ausgeprägte Persönlichkeit und kann sehr bockig werden, wenn man im Kleinkindalter zu nachgiebig ist. Skorpionchen wird versuchen, die Führung zu übernehmen. Mehr als einmal werden Sie darüber schmunzeln, wie gekonnt es die Mama gegen den Papa auszuspielen versucht. „Das machen doch alle Kinder", denken Sie jetzt? Nun, warten Sie mal ab, welche Tricks und Schliche Ihr Spatz erfindet! Disziplin ist dem Skorpion-Mondchen wichtig. Nur dadurch lernt es, sich zu beherrschen und den weichen, aber ebenso heißblütigen Kern unter Kontrolle zu halten.

SKORPION-MONDCHENS BESTE FREUNDE

Stille Wasser sind tief. Nach außen wirkt Ihr Schatz gelassen, ruhig und eher introvertiert. Ganz ähnlich die Krebse und die Fische, die ja ebenfalls den Wasserzeichen zugeordnet werden. Von einem quirligen Zwillinge-Kind könnte Ihr Spatz eine gewisse Leichtigkeit lernen, an einem Schützen gefällt ihm wahrscheinlich die Ideenvielfalt in Sachen Spieleerfinden. Recht kritisch empfinde ich die Verbindungen mit Widder- oder Löwe-Kindern. Hier dürfte es zu Machtkämpfen, wenn nicht gar handfesten Rauffereien kommen. Da klappt es doch mit einem harmonieliebenden Waage-Mondchen, das sich zunächst unterordnet und seine Wünsche dann diplomatisch durchsetzt, sehr viel besser!

Wenn Sie Ihr Kind verletzt oder ein striktes Verbot aufgestellt haben (Messer, Schere, Gabel, Licht...!), erwartet es eine Erklärung. Eine ehrliche. Wenn Sie ungerecht waren, bitten Sie um Verzeihung. Es fällt mir immer wieder auf, daß viele Eltern sich damit schwertun. Entschuldigen Sie sich trotzdem. Nur so lernt ein Kind, versöhnlich zu werden. Besonders Skorpionchen, die oft zu Rache oder Vergeltung neigen.

Und schließlich nochmal ein paar Worte zum Thema Liebe, Nähe, Zärtlichkeit. Ihr Skorpionchen trägt, das wissen Sie nun ja schon, eine gewisse Reife vor sich her. Manche Eltern machen deshalb den Fehler, in dem Kind einen kleinen Erwachsenen zu sehen und es auch so zu behandeln. Falls Sie eines Tages bei sich selbst ein solches Verhalten bemerken sollten: Stellen Sie es sofort ab! Ihr Spatz sehnt sich vielleicht mehr als alle anderen nach Ihrer Nähe, nach kindlichem Herumtollen, zärtlichen Rauffereien. Es braucht seine täglichen Streicheleinheiten. Sowohl verbal wie auch körperlich. Seien Sie nicht traurig, wenn es auf Ihr Guten-Morgen-Bussi kaum reagiert. Es kommt der Tag, an dem sich Ihr Schatz an Sie kuschelt, Sie aus seinen großen, hypnotischen und meist dunklen Augen anschaut und Ihnen sein allergrößtes und bestgehütetes Geheimnis anvertraut: „Ich hab' dich soooo lieb!"

Wer ist der Dieb im Zwergenland?

Im Zwergenland herrschte große Aufregung: Der schöne Goldtaler vom Zwerg Minimax war verschwunden. Erst hatte Minimax im Schrank nachgesehen. Dann unter dem Tisch. Dann hinter dem Sofa. Dann unter dem Bett. Er hatte unter den Stuhl geschaut und die Taschen seiner Hose umgestülpt. Nichts! Der schöne Goldtaler blieb verschwunden.

„Wir haben einen Dieb unter uns!" polterte der Ober-Zwerg. Streng schaute er über all die Zwerge, die sich auf dem Dorfplatz um ihn herum versammelt hatten. „Wer den Goldtaler von Minimax gestohlen hat, der soll sich sofort melden!" befahl der Ober-Zwerg. Doch niemand meldete sich. „Dann werde ich wohl den Polizisten-Zwerg einschalten müssen", überlegte der Ober-Zwerg. Der Polizisten-Zwerg wurde informiert und durchsuchte alle Zwergenhäuschen. Nichts! Der Goldtaler blieb verschwunden.

Am nächsten Morgen rannte Minilisa aufgeregt aus ihrem Häuschen. „Mein goldenes Becherchen ist verschwunden", rief sie und weinte. Und so ging es nun jeden Morgen. Mal fehlte ein goldenes Messer, mal eine goldene Gabel. Mal fehlte ein goldener Ring, mal eine goldene Kette. „Der Dieb ist schlau", überlegte der Polizisten-Zwerg. „Er kommt immer nachts, wenn alle schlafen. Doch er hinterläßt keine Fußspuren. Er ist leise, und er nimmt nur goldene, glitzernde Dinge. Wer könnte das nur sein?"

Das Schlimme an der ganzen Geschichte war, daß bald kein Zwerg mehr dem anderen traute. Jeder glaubte, der andere sei der unverschämte Golddieb. Und so redeten die Zwerge auch kaum mehr miteinander. Es war schrecklich und traurig.

Schließlich legte sich der Polizisten-Zwerg mit einem Schmetterlingsnetz auf die Lauer. Er krabbelte in den Brunnen, der mitten auf dem Dorfplatz stand. Rings um den Dorfplatz lagen die Zwergenhäuschen. So konnte der Polizisten-Zwerg alles genau beobachten. Er sah die Häuschen mit den weit geöffneten Fensterchen, denn es war wieder eine sehr warme Sommernacht. Da, plötzlich ein Geräusch. Der Polizisten-Zwerg lauschte aufmerksam. Es hörte sich an wie ein leises Rauschen. Angestrengt starrte er in die Dunkelheit. Da sah er im Fenster des Häuschens von Zwerg Miniklaus einen Schatten. Schnell sprang er aus dem Brunnen heraus, rannte zu dem Fenster und stülpte dem frechen Dieb das Netz über den Kopf. „Hab' ich dich endlich, du Dieb!" rief er so laut er konnte. In allen Häuschen gingen die Lichter an, und die Zwerge kamen aufgeregt angelaufen. Wer war der Dieb? Es zappelte und rappelte in dem Netz. Und was kam darunter zum Vorschein? Eine Elster! Elstern mögen alles, was glitzert und leuchtet. „Ach, du bist das!" sagte der Ober-Zwerg böse. Der Vogel zitterte am ganzen Körper. „Zeig' uns sofort dein Nest", befahl der Ober-Zwerg und band der Elster eine lange Schnur um das rechte Bein, damit

Ober-Zwerg überlegte. „Du mußt natürlich bestraft werden", sagte er ernst, doch in seinen Augen leuchtete es fröhlich. „Hier ist deine Strafe: Jeden Morgen findest du ab sofort vor jedem Häuschen einen goldenen Krug. Den nimmst du und fliegst damit zum Bauern-Zwerg. Der füllt dir Milch hinein, die du zu dem Häuschen zurückbringst!"

Die Zwerge klatschten begeistert in die Hände. Und auch die Elster lachte. Denn so konnte sie sich jeden Morgen an den goldenen Krügen erfreuen – und die Zwerge bekamen jeden Morgen kuhfrische Milch zum Frühstück!

87

sie nicht fortfliegen konnte. Die Elster flatterte zu einem Baum am Rand des Zwergendorfes. Alle Zwerge folgten ihm. Der Sportler-Zwerg kletterte hoch und holte das Nest herunter. Was hatte die Elster nicht alles angesammelt: den Goldtaler, das Becherchen, das Messer, die Gabel, den Ring und noch viele andere Glitzerdinge, die verschwunden waren. „Entschuldigung, Entschuldigung", krähte sie heiser. „Aber wenn ich etwas glitzern sehe, muß ich es einfach mitnehmen!" Der kluge

Das Schütze-Mondchen

DER SONNE
ENTGEGEN...

*Seine Wißbegierde kennt keine Grenzen. Es weckt Sie morgens
mit seiner ersten Frage – und schläft abends mit der letzten auf den Lippen ein.
Schütze-Mondchen suchen nach Weisheit. Ihre wird schon recht bald
folgende sein: „Ich weiß, daß ich nichts weiß!"*

„Beißt die grüne Spinne in meinem Kinderzimmer?", „Was für ein Schmetterling kommt aus dieser Raupe?" Sie brauchen (wie ich) in den nächsten Jahren sicherlich keinen Roman und keinen Krimi mehr. Denn es gibt nichts Spannenderes, als mit einem Schütze-Mondchen auf Entdeckungstour zu gehen. Und sei es nur im eigenen Garten oder im Stadtpark.

Wie beim Zwillinge-Mondchen kennt die Wißbegierde des Schütze-Mondchens keine Grenzen. Sobald es sich artikulieren kann (was sehr früh der Fall sein wird!), weckt es Sie morgens mit einer Frage. Und abends, wenn Sie es ins Bett legen, wird es mit einer Frage auf den Lippen einschlafen. Sie werden jeden Tag eine, vielleicht sogar mehrere Geschichtchen erfinden müssen. Und Sie werden mehr als einmal den philosophischen Gedanken haben: „Ich weiß, daß ich nichts weiß!" Denn die Fragen, die Ihnen der Dreikäsehoch stellt, werden keine einfachen sein. Garantiert!

Der erste Schrei. Und dann?

Es gibt Leute, die behaupten, Schütze-Babys kämen mit einem Lächeln auf dem Gesicht zur Welt. Und auch der erste Schrei soll zwar ziemlich laut sein, aber eher an ein Lachen als an ein Weinen erinnern. Tatsächlich meinte auch ich, bei meinem Schütze-Mondchen ein feines, na, sagen wir mal Grinsen um die Mundwinkel entdeckt zu haben. Es wird auch Sie ein Leben lang begleiten. Denn Schütze-Mondchen sind die geborenen Optimisten. Die Clowns der Familie. Aber solche mit einem gewissen Tiefgang.

Es war ein wunderschöner, warmer Frühsommervormittag. Auf dem Wochenmarkt hatte ich Begonien gekauft und war nun dabei, sie in unsere Blumenkästen umzupflanzen. Mein Schütze-Mondchen, damals zweieinhalb, war begeistert mit von der Partie. „Mama", sagte es nach einer Weile nachdenklich, „woraus sind Blumen?" Was hätten Sie an meiner Stelle geantwortet? Na, überlegen Sie? Ich habe auch ziemlich lange und ziemlich angestrengt nachgedacht. Schließlich erzählte ich ihm vom Blattgrün, vom Wasser, von „Farbkügelchen" in den Blütenblättern. Ich war gewarnt. Denn ich wußte: Mit dem Tag, an dem ein Schütze-Mondchen seine erste Wissensfrage stellt, beginnt eine neue Ära. Nach dem Umtopfen fuhr ich nochmal in die Stadt. In der Buchhandlung kaufte ich mir ein Nachschlagewerk. Inzwischen sind knapp vier Monate vergangen. Mein Schütze-Mondchen wird demnächst drei. Und ich habe mittlerweile die wohl umfangreichste Bibliothek in Sachen heimische Flora und Fauna. „Wie heißt diese Blume?", „Was ist das für ein Baum?", „Kann man diese Pflanze essen?", „Ist dieser Pilz giftig?",

Auf den Säuglingsstationen ist man jedenfalls begeistert von diesen kleinen Frohnaturen. Bösartiges Gebrüll? Das gibt es kaum bei diesen Minis. Es sei denn, man kommt dem Wunsch nach Nahrung nicht umgehend nach. Da kennen diese Temperamentsbündel kein Pardon. Und keine Geduld. Essen – eine Existenzfrage. Und damit spaßt man nicht!

Nach sechs, sieben Wochen, wenn Ihr kleiner Schatz Sie das erste Mal bewußt anlacht, werden Sie vermutlich zu Tränen gerührt sein. Schütze-Mondchen lachen nicht nur mit den Augen und dem Mund – sie lachen mit dem Herzen! Wohin man mit ihnen auch geht, wen man besucht oder wo man auch einkauft: Ein Schütze-Mondchen beeindruckt sofort durch seinen natürlichen und überaus herzlichen Charme. Jeder, der ihm begegnet, spürt die Seelenwärme und den Optimismus. Schütze-Mondchen sind Balsam für einsame oder verlassene Seelen. Mit seiner offenen und frischen Art wird Ihr Spatz aus seinem Buggy heraus zu der alten Dame auf der Parkbank hinaufschauen, „Winke, winke" machen, ihr ein fröhliches Lächeln schenken und „ada, ada" zurufen. Glauben Sie mir: Fortan sitzt die Frau jeden Tag dort und hofft auf ein Wiedersehen.

Schütze-Mondchens Appetit

Ihn will ich besonders erwähnen, den gesegneten Appetit der Schütze-Mondchen. Sie sind nicht wählerisch, wenn es ums Essen geht. Im Gegenteil. Sie lieben es zu experimentieren. Dem Brust- oder Flaschenalter entwachsen, wird Ihr Schütze-Sprößling nicht mehr zu bremsen sein: Bratkartoffeln, Spinat, Spaghetti, Knoblauchsauce, Scampi – nichts, was Schütze-Mondchen nicht schmeckt. Und: Hauptsache, es gibt reichlich davon! Ein Tip: Halten Sie Maß in Sachen Süßigkeiten. Verbieten Sie Süßes nicht generell, sonst wird sich Ihr Schatz heimlich bedienen. Erlauben Sie ihm ruhig ein bißchen Schokolade oder ein Stückchen Würfelzucker am Tag. Sein kleiner

aktiver Körper braucht diese „Nervennahrung". Versuchen Sie aber, seinen Zuckerbedarf vor allem über Früchte zu decken. Eine große Freude machen Sie Ihrem Mini, wenn Sie ihn selbst aus einer Fülle von Möglichkeiten wählen lassen. Eine Obstschale mit verschiedenen Früchten sollte für ihn deshalb ständig erreichbar sein. Sehr bald werden Sie feststellen, welches Obst er bevorzugt.

Dabeisein ist alles!

Schütze-Mondchen brauchen viel Schlaf. Das wissen Sie jetzt. Aber weiß das auch Ihr Spatz? Vermutlich ahnt er es. Aber da gibt es eben diese faszinierende Wunderwelt, die man entdecken möchte. „Schlafen? Da verpasse ich doch alles!" So entwickeln sich zwischen Schütze-Mondchen und ihren Eltern oft

regelrechte Kämpfe, ehe die Augen endlich zufallen. Ein Trick, der fast immer funktioniert: Legen Sie Ihr Baby nicht in dem stillen, abgeschiedenen Kinderzimmer schlafen. Breiten Sie lieber eine Kuscheldecke in dem Zimmer aus, in dem Sie und der Rest der Familie sich abends aufhalten. Mit den vertrauten Stimmen im Ohr wird es leichter und zufriedener einschlafen. Dabeisein ist eben alles. Vor allem die Schütze-Mondchen-Säuglinge brau-

chen die bekannten Stimmen, die Gerüche und Geräusche, um sich behaglich und sicher zu fühlen. Es kann der Fernsehen laufen oder laute Musik, Sie können lachen oder sich mit Freunden unterhalten. Je lebhafter, je lieber. Und umso geborgener fühlt sich Ihr Kind.

Eins, zwei, drei – und los!

Schütze-Mondchen braucht man nicht zum Krabbeln animieren. Der Schütze ist als Reise-zeichen bekannt – und das werden Sie als Eltern natürlich sehr bald erfahren. Ich nehme an, Schütze-Mondchen wissen vom ersten Tag an, wozu die Knie und dann die Füße da sind. Als Säuglinge strampeln und zappeln sie mehr als alle anderen Babys. So, als wollten sie die Muskeln für das frühe Krabbeln und Laufen trainieren. Es ist eine Eigenart dieses Zeichens, daß die Kinder lieber auf dem Schoß der Mutter stehen als sitzen. Sie üben eben. Und Sie sollten das auch tun. Es gibt zwar immer noch Kinderärzte, die die Mei-nung vertreten, erst sollte ein Kind sich aus eigener Kraft hinsetzen können und dann erst krabbeln und schließlich laufen lernen. Doch ich denke anders darüber. Ich meine, wenn es die Natur eines Kindes verlangt, sollte man auch eine andere Reihenfolge akzeptieren. O-Beine hat mein Junior von dem frühen Lauf-Training nicht bekommen. Man sollte allerdings auch hier ein gesundes Maß einhal-ten und das Kind nicht stundenlang an den Händen durch die Wohnung führen. Alle zwei, drei Stunden ein paar Minuten dürften den Bewegungsdrang durchaus befriedigen.

Und dann geht's los. Schütze-Mondchen krabbelt vergnügt durch die Wohnung. Seine ersten großen Reisen. Hierhin und dorthin wird es verschwinden. Es wird sich an der Blumenerde zu schaffen machen, an der Gar-dine. Es wird versuchen, den Schwanz der

Katze zu erwischen oder ihre Füße, die so herrlich geschwind in der Küche umhertrip-peln. Aber Vorsicht: Wie alle Kinder sind sich auch Schütze-Mondchen keiner Gefahr bewußt. Räumen Sie außer Reichweite, was spitz ist, umfallen könnte oder wertvoll ist. Und gewöhnen Sie sich an, ständig einen Blick auf Ihre Füße zu haben. Schütze-Mond-chen suchen im Kleinkindalter den ständigen Kontakt zu ihrer Mama oder zum Papa. Und den bekommen Sie – aus ihrer Warte heraus –, indem sie nach den Füßen und Waden greifen!

Baby spricht – von nun an ständig!

Die Zwillinge haben die Sprache „erfunden", um ihr Wissen weiterzugeben. Schütze-Mond-chen wenden sie an, um zu fragen. Falls Ihr Kind schon ein bißchen älter ist, kennen Sie das: Sie nehmen den Spatz mit zum Einkau-fen. Er thront in seinem Buggy (typische „Angriffshaltung": die Hände halten sich an dem Sicherheitsbügel fest, der Oberkörper ist nach vorn gebeugt!) und bombardiert Sie mit Fragen. Nonstop. „Wer ist das?" hören Sie wohl am häufigsten. Gemeint ist damit jeder, der Ihnen entgegenkommt. Mann, Frau, Kind. „Wer wohnt hier?" Gemeint ist jedesmal ein anderes Haus, an dem Sie vorbeilaufen. Baby deutet auf ein Straßenschild: „Was sagen diese Buchstaben?" Im Supermarkt verraten Sie ihm den Inhalt einer jeden Packung, die es ent-deckt. In der Metzgerei den Namen einer jeden Wurstsorte. In der Bäckerei kann es sich nicht zwischen einer Salz- und einer Sesambrezel entscheiden. Und in der Reinigung will es genau wissen, was denn hier so komisch riecht … Das hat nichts mit Neugierde zu tun. Glauben Sie mir. Es ist der grenzenlose Wissensdurst Ihres Kindes. Im Bild des Schütze-Zeichens begegnet uns ein Fabelwesen aus der griechischen Mythologie. Das Bild zeigt einen ganzen Menschen, an den der hintere Teil eines Pferdes angesetzt ist. Dieses Wesen hat den Bogen gespannt und ist bereit, den Pfeil abzuschießen. Dabei wendet es sich aber nicht nach vorn, sondern zurück. Warum? Jedes Schütze-Mondchen ist nicht nur ein wißbegieriger Mensch, sondern hat auch eine sehnsuchtsvolle Seele. Schütze-Mondchen sind zwar keine ausgesprochenen Träumer, aber sie haben eine große Vorstellungskraft. Schränken Sie die Phantasie Ihres Kindes nicht ein, sondern denken Sie daran, daß es etwas von diesem Fabelwesen, dem sogenannten Kentaur, in sich trägt. Wissensbücher, Märchen, Sagen – davon kann Ihr Spatz nie genug haben oder hören. Verzichten Sie auf Kindervideos. Sehr viel anregender für den Geist Ihres Kindes sind Hörspielkassetten. Sie lassen ihm genug Freiraum für eigene Interpretationen und Träume.

Der Kentaur brachte laut Mythologie in alter Zeit die Heilkunde zu den Menschen. Die Sehnsucht nach dem Heil, nach dem „Heilsein", ist auch in Ihrem Schütze-Mondchen höchst lebendig. Auf Disharmonien innerhalb der Familie, aber auch innerhalb seiner Erziehung reagiert es mit Rückzug, vielleicht gar mit Zynismus oder Sarkasmus. Unehrlichkeit wittert ein Schütze-Mondchen meilenweit gegen den Wind. Wenn Sie ihm ein Verbot erteilen, muß es einen triftigen Grund dafür geben. Nur weil es für Sie so bequemer ist – das funktioniert nicht bei einem Schütze-Mondchen. Es wird sich stets dagegen wehren, ein demütiger, kleiner Sklave zu sein.

Akzeptieren Sie diesen Wesenszug. Im Erwachsenenleben wird er das Erfolgsrezept Ihres Kindes sein!

Überall Stolpersteine

Man kommt nicht daran vorbei: Schütze-Mondchen sind zwar herausragende Sportler, doch als Kinder überaus linkisch. Sie stolpern über ihre eigenen Füße, über den Bettvorleger; sie bleiben an der Tischkante hängen oder am Türgriff, fallen die Treppe herunter oder die Bordsteinkante. Stellen Sie sich darauf ein. Rüsten Sie Ihre Hausapotheke mit reichlich Mull und Pflaster auf. Doch keine Bange, eine tröstende Hand, ein zärtliches Pusten auf das Aua – und schon ist das Unglück wieder vergessen. Schütze-Mondchen haben ein Lachen im Auge, auch wenn dicke Tränen rollen. So sollten Sie bei der Wahl einer Sportart zunächst einmal über solche Disziplinen nachdenken, die das Körperbewußtsein fördern.

93

SCHÜTZE-MONDCHENS TRAUMBERUFE

Das Schütze-Zeichen untersteht dem Glücksplaneten Jupiter. So ergeben sich im Leben eines Schütze-Mondchens häufig glückliche „Zufälle", die ihm den Weg nach oben ebnen. In welcher Sparte? Bestens plaziert ist ein Schütze-Mond natürlich im Reisewesen. Immer auf Achse (oder zumindest für andere dafür zu sorgen) – das ist sein Traum. Ideal, wenn er daraus einen Beruf machen kann. Ebenso begeistert ist ein Schütze-Mond von fremden Kulturen. Vielleicht will Ihr Kind Völkerkundler werden? Anthropologe? Allerdings hat es auch ein Händchen für das Rechtswesen. Als engagierter Rechtsanwalt würde es die leidenschaftlichsten Plädoyers halten. Und sicherlich jeden von der Unschuld seines Mandanten überzeugen. Allerdings muß er selbst davon felsenfest überzeugt sein. Der leiseste Zweifel brächte ihn dazu, den Fall an einen Kollegen abzugeben.

ABC – oje?

Keineswegs! Der Wissensdurst ist derart ausgeprägt, daß es eigentlich nur an einem langweiligen oder spröden Lehrer liegen kann, wenn Ihr Schützekind nicht mindestens unter den zehn Besten der Klasse ist. Ideal für Schütze-Mondchen sind Schulen mit fortschrittlichen Lernmethoden und modernen pädagogischen Ansichten. Es wird ihnen allerdings auch dort schwerfallen, stundenlang ruhig zu sitzen. Pausen sind wichtig für Ihr Kind. Dort wird es laufen, springen, sich austoben, die eingeschlafenen Glieder recken und strecken. Und auch seinen Geist.

Das stilisierte Symbol des Schützen ist ein Pfeil mit Querbalken. Er sieht aus wie die Verlängerung des vorherigen Skorpion-Zeichens. Voll Sehnsucht ist der Pfeil nach oben gerichtet. So, als wollte er sich hinaufschwingen zum Himmel. Abheben und zur Sonne fliegen. Doch leider wird Ihr Schütze-Mondchen vom Alltag allzuoft auf der Erde festgehalten. Im Kindergartenalter, aber spätestens im Schulalter wird sich Ihr Kind kleine Fluchtmöglichkeiten ausdenken. Es wird sich eine Baumhütte bauen oder eine Höhle buddeln. Es wird sich mit einem spannenden Buch auf dem Speicher verstecken oder mit einem Spielzeug unter Papas Schreibtisch verschwinden. Respektieren Sie den Wunsch nach dem Alleinsein. Schütze-Mondchen entwickeln sich recht früh zu sehr selbständigen kleinen Persönlichkeiten, die ihren eigenen (Frei-)Raum brauchen. Seien Sie nicht traurig, wenn sich Ihr „Baby" früher als andere von Ihnen „abnabelt". Freuen Sie sich über sein ausgeprägtes Selbstbewußtsein. Unterdrücken Sie sein starkes Freiheits- und Unabhängigkeitsbedürfnis nicht. Vertrauen Sie Ihrem Schatz. Und trauen Sie ihm viel zu. Er wird Sie nicht enttäuschen. Und immer wieder gern zu Ihnen zurückkehren. Auch als Erwachsener.

Spiel und Sport, Spaß und Spannung

Wie bereits oben erklärt, will Ihr Kind lernen. Die Natur fasziniert Schütze-Mondchen. Vielleicht gewöhnen Sie sich regelmäßige Spaziergänge im Wald, am Fluß, über Wiesen

und Felder an? Schenken Sie ihm einen Blumenkasten, in dem es die Pflanzen seiner Wahl aufziehen kann. Kresse oder Bohnen wären als Einstieg ideal, weil diese Pflanzen schnell wachsen und die Geduld Ihres Kindes nicht überstrapazieren. Schenken Sie ihm Nachschlagewerke, die sich um Pflanzen und Tiere, um das Wetter und die Sterne drehen. Später kommen sicherlich solche über die Raumfahrt hinzu. Und schließlich werden es Bücher über ferne Länder sein. Im Herzen eines jeden Schütze-Mondes schlummert ein Seefahrer, ein Flieger oder ein Wanderer.

Schütze-Mondchen zieht es bei Wind und Wetter nach draußen. So sind vor allem „altmodische" Spiele angesagt wie Fang' mich oder Verstecken, Räuber und Gendarm, Sackhüpfen. Auch Schütze-Mond-Mädchen werden die höchsten Bäume besteigen, sich irgendwann eine Schleuder basteln oder sich Pfeil und Bogen wünschen. Achten Sie auf viel Bewegung, sie ist wichtig für die gesunde Entwicklung Ihres Feuerkindes. Alle Sportarten, die das „Fernweh" heilen, sind ideal: Radfahren, Rudern, Skilaufen, Surfen, Segeln.

Das Kuscheln und Schmusen

Als Säugling und Kleinkind sucht ein Schütze-Mondchen ständig Körperkontakt. Beim Vorlesen kuschelt es sich an den Papa, bei der Gute-Nacht-Geschichte in die Arme der Mama. Das Zärtlichkeitsbedürfnis ist sehr groß, allerdings nie von langer Dauer. Ein paar Minuten schmusen – und dann reicht's erstmal wieder. Dafür aber oft. Mit drei, vier Jahren werden diese „Sentimentalitäten" wahrscheinlich auch bei Ihrem Schatz seltener. Erdrücken Sie ihn dann nicht mit Ihren Gefühlen. Sie müssen früher als andere lernen loszulassen. Wenn Sie es können und sich mit einem herzlichen Gute-Morgen- und einem zärtlichen

Gute-Nacht-Kuß zufriedengeben, wird Ihnen Ihr Schütze-Schatz dankbar sein. Und Sie dafür auch als Erwachsener mit einer innigen Umarmung begrüßen. Liebe basiert für Ihr Kind weniger auf körperlichen Zärtlichkeiten als auf Vertrauen, Ehrlichkeit und Toleranz. Begleiten Sie es als Freundin oder Freund auf der sagenhaften Reise, die Sie ihm ermöglicht haben: seinem Leben.

95

SCHÜTZE-MONDCHENS BESTE FREUNDE

Langeweile ist ein Fremdwort für Ihren Schatz. Ständig entwickelt er neue Spiele, entdeckt neue Herausforderungen. Wer da mithalten kann? Ein Zwilling natürlich. Oder ein Widder. Mit einem Wassermann-Mondchen zusammen will er die Welt verändern und reformieren. Weniger ideal sind ruhigere Zeichen wie zum Beispiel der Jungfrau- oder der Steinbock-Mond. Möglich ist aber auch, daß gerade sie ein gesunder Ausgleich sind und Ihren Schatz ab und zu zur Ruhe bringen. Dann ist Lesen angesagt. Oder Basteln. Kostümball oder Kassetten hören.

Das neugierige Häschen

In einem Wald nahe einer kleinen Stadt lebte einmal ein Häschen. Es war immer lustig und vergnügt. Tagsüber erforschte es den Wald, es schaute sich die großen Bäume an und die kleinen Pilze, die lustigen Schmetterlinge und die bunten Libellen am Bach. Abends kehrte es zurück zum Bau seiner Eltern und kuschelte sich eng und zufrieden an seine Mama und an seinen Papa. Bis es einschlief, erzählte es von allem, was es tagsüber gesehen und erlebt hatte.

Eines Tages traf das Häschen eine kleine Maus. Die hatte es sehr eilig. „Wohin gehst du denn?" fragte das Häschen. Und die Maus antwortete: „Ich will noch schnell in die Stadt, ein bißchen Käse für meine Vorratskammer holen!" Das Häschen überlegte. Dann fragte es: „Wo ist denn die Stadt?" Die Maus zeigte geradeaus und sagte: „Immer den Waldweg entlang. Dann kommst du zu einer Straße, die dich direkt in die Stadt führt." Das Mäuschen winkte dem Häschen zu und lief schnell davon.

Nachdenklich hüpfte das Häschen nach Hause. Am nächsten Morgen wachte es früh auf und beschloß, sich einmal die Stadt anzusehen. Es packte zwei große Mohrrüben in seinen Rucksack und schrieb auf einen Zettel eine Nachricht an seine Eltern: „Bin in der Stadt. Komme bald wieder!"

Leise schlich es sich davon. Die Sonne stand schon hoch am Himmel, als das Häschen in der Stadt ankam. Es war begeistert. So viele Menschen! So viele Autos! Bagger, Fahrräder, bunte Schaufenster. Es hörte Kinder lachen und Hunde bellen. Beim Bäcker roch es herrlich nach frischem Brot. Und beim Gärtner blühten Blumen, die das Häschen noch nie gesehen hatte.

Als es müde und hungrig wurde, hüpfte es in einen großen Garten. Mitten auf dem Rasen stand ein hoher Baum. Das Häschen setzte

sich darunter und packte seine beiden Mohrrüben aus. Gerade wollte es anfangen, daran zu knabbern, als es Schritte hinter sich hörte. Doch – es war zu spät: Ein Mann packte das verdutzte Häschen an den Ohren und hielt es hoch. „Na, sowas", wunderte sich der Mann und schaute dem armen Häschen in die Augen. „Du wirst mir jetzt Gesellschaft leisten", sagte er dann. Er setzte das Häschen in einen hohen Korb und verschwand. Doch schon bald kam er zurück. Er stellte einen großen Holzverschlag unter den Baum, öffnete die Tür und setzte das Häschen hinein. Da saß es nun. Gefangen in einer Kiste. Voller Angst drückte es sich in eine Ecke. Und als es Abend und immer dunkler wurde, begann es zu weinen. „Wenn ich doch bloß in unserer gemütlichen Höhle wäre. Bei meiner Mama und bei meinem Papa!"

Plötzlich hörte es ein leises Geräusch vor der Kiste. „Wer weint denn da?" vernahm es eine vertraute Stimme. „Bist du das, Häschen?" Es war die kleine Maus, die da sprach!

„Hilf mir, Mäuschen", flehte das Häschen. „Ein Mann hat mich gefangen. Ich bin so alleine, und ich habe große Angst. Bestimmt machen sich meine Eltern auch schon Sorgen um mich. Huhuhu!" Es raschelte und klapperte, und dann sprang die Tür auf. „Komm schnell", sagte die Maus. Wie der Blitz rannten die beiden hinaus aus dem Garten, die Straße entlang. Ganz außer Puste kamen sie zu dem Waldweg. Und dort warteten – na, du errätst es bestimmt? – Mama und Papa Hase. Sie lachten und hüpften vor Freude, als sie ihr Kind in die Arme schlossen. In der Hasenhöhle tanzten und lachten sie bis spät in die Nacht. Und als es Zeit zum Schlafen war, kuschelte sich das Häschen noch enger als sonst an seine Eltern und versprach, trotz aller Neugierde nie mehr alleine so weit weg zu gehen.

Das Steinbock-Mondchen

EIN KLETTERMAXE MIT HOHEN ZIELEN

*Es wird nicht dramatisch auf den Wickeltisch trommeln,
um Ihnen klarzumachen, was es will. Nein, Steinbock-Mondchen
gehen diplomatisch vor. Oder sie warten einfach geduldig ab,
bis man ihr Schweigen richtig interpretiert. Lernen Sie
also als erstes, in seinem Gesichtchen zu lesen!*

Großtante Martha kommt zu Besuch. Sie hat Ihrem Steinbock-Mondchen ein neues Spielzeug mitgebracht: eine kleine Lokomotive, die bimmelt, wenn man auf den Schornstein drückt. Begeistert setzt sie sich zu dem Baby auf den Boden, packt die Lok aus und drückt auf den Schornstein. „So ein sönes Bimmel-bimmel, Schatzileinchen. Kannst du tut-tut-tut machen. Schau, das Lokchen macht singe-singe zu meinem Putzilein!" Ihr Kind wird die Großtante vermutlich sehr ernst und sehr nachdenklich anschauen. Der Blick spricht Bände: „Wie albern können die Großen denn eigentlich noch werden?" Großtante Martha wird ihn in ihrer Begeisterung wahrscheinlich nicht wahrnehmen. Aber Sie. Baby-Sprache? Ihr Steinbock-Mondchen lacht sich innerlich garantiert schlapp darüber.

100 Sie werden solch einem Blick noch öfters begegnen. Vielleicht, wenn Sie auf allen vieren vor Ihrem kleinen Schatz durch die Wohnung krabbeln und seltsame Lockrufe ausstoßen. Vielleicht auch, wenn Sie über seinem Bettchen die tollsten Grimassen schneiden, um Baby zum Lachen zu bringen. Steinbock-Mondchen wirken vom ersten Lebenstag an reifer, nachdenklicher und irgendwie auch kühler als andere Babys. Und sie bringen noch eine Eigenart mit auf die Welt: Runzeln im Gesicht, die sie wie Miniatur-Greise aussehen lassen. Nein, Sie müssen nun nicht

erschrecken oder gar beleidigt sein. Die Runzeln sind nämlich ein gutes Orakel: Schon bald wird das Gesichtchen glatt und faltenlos sein – und bis ins hohe Alter auch so bleiben. Beneidenswert. Fast könnte man meinen, Steinbock-Mondchen hätten die Falten als Ausdruck ihrer Reife und Weisheit schon als Babys mitbekommen, um später dann, wenn all die anderen eine schlaffe, runzlige Haut haben, immer noch blühend und rosig auszusehen.

Tatsächlich ist es nämlich so, daß Steinbock-Mondchen als Kinder und Teenager stets älter aussehen als ihre gleichaltrigen Spielgefährten oder Freunde. Später dann kippt das ins Gegenteil um. Ab etwa dem dreißigsten Lebensjahr scheinen Steinbock-Mondchen nicht mehr zu altern. Selbst mit siebzig oder achtzig wirken steinbockbetonte Menschen attraktiv, jugendlich und frisch. Doch bis dahin ist es noch ein langer Weg, und zunächst interessiert uns ja die Kindheit der Steinbock-Mondchen, die die Prägung darstellt für ein erfülltes Erwachsenenleben.

Der eiserne Wille

Ihr Schatz weiß ganz genau, was er will. Und natürlich auch, was er nicht will. Er wird Ihnen seine Wünsche oder Abneigungen aber nicht auf dem Silbertablett präsentieren. Und vermutlich auch nicht dramatisch auf den Wickeltisch trommeln, wenn ihm etwas nicht paßt. Sie müssen ihn also ganz genau beobachten, seine Blicke studieren und sein Schweigen interpretieren lernen. Sehr sensible Mütter und Väter fühlen sich im Umgang mit solch einem stillen, disziplinierten Baby manchmal verunsichert. Sie vermissen die Fröhlichkeit, Unbekümmertheit und die Zärtlichkeiten, die sie von den Babys der Freunde kennen. Machen Sie sich deswegen keine Sor-

gen. Steinbock-Mondchen hängen weit mehr an ihren Lieben, als sie zeigen (können). Sie hängen treu an Heim und Familie, was Sie spätestens dann bemerken werden, wenn Baby anfängt zu krabbeln. Es wird sich nie weit von Ihnen entfernen. Wenn Sie es einer Freundin mitgeben, die mit ihm spazierenlaufen möchte, damit Sie mal wieder in Ruhe einkaufen können, wird das Geschrei groß sein. Es wird sich aber nicht zu einem wütenden Gebrüll steigern, sondern sich überraschend herzzerreißend anhören. Baby hat Angst vor dem Alleinsein. Und Alleinsein bedeutet für Ihren Winzling: ohne Mama oder Papa.

Häufig beobachtet man, daß Steinbock-Mondchen das zweite oder dritte Kind innerhalb einer Familie sind. Ob eine Absicht der Natur dahintersteckt? Ich nehme es stark an. Denn Steinbock-Mondchen haben weniger als andere (Kinder) Probleme mit Rangfolgen und der berühmten Hackordnung unter Kindern. Sie akzeptieren deren Kommandos, können aber dennoch sehr gut für sich selbst sorgen. Und vor allem dafür, nicht der Sklave der Großen zu sein.

Heim, Herd und Familie

Wie bereits gesagt, hängen Steinbock-Mondchen sehr stark an der häuslichen Umgebung. Und an Ihnen. Falls Sie einen Garten mit einer Sandkiste haben, wird sich Ihr Schatz höchstwahrscheinlich dort nur dann zu schaffen machen, wenn Sie dabei sind. Er wird sich nie weit von Ihnen entfernen, denn Sie sind seine Sicherheit, die er im Grunde seines Herzens trotz aller Kühle oder Reife so sehr braucht und sucht. Auch auf dem Spielplatz wird er sich zunächst einmal vor der Bank, auf der Sie sitzen, mit den Steinchen begnügen. Die anderen Kinder auf der Rutsche oder auf der Schaukel ängstigen ihn vielleicht. Er braucht lange, bis er mit einem Menschen warm ist. Vielleicht müssen Sie zwanzigmal auf dem Spielplatz gewesen sein, ehe er sich dem Mädchen nähert, das dort auch jeden Tag spielt. In seinem Kinderzimmer legt er keinen großen Wert auf Kuschelecken oder auf überflüssigen Schnickschnack. Steinböcken wird ein Hang zum Spartanischen nachgesagt. Sie brauchen zu ihrem Kinderglück wenig Spielzeug, und wenn, dann „praktisches". Das ist von Vorteil. So brauchen Sie keine Unsummen für klirrendes, klapperndes, zischendes oder bimmelndes Spielzeug ausgeben. Geben Sie Ihrem Schatz einen Kochtopf und einen Kochlöffel – und er wird zufrieden sein. Langweilig, denken Sie nun? Nein. Nicht für Ihren Spatz. Wenn er sich ein Spielzeug wünschen darf, wird er sich für einen Baukasten oder ähnliches entscheiden, womit er etwas basteln oder bauen kann, das eine Funktion hat. Auch kleine Steinbock-Ladies mögen eher funktio-

101

nelle Dinge. Sie wünschen sich vielleicht einen Kaufladen oder einen Doktorkoffer.

Ordnung ist das halbe Leben!

Sie werden früh (und wahrscheinlich dankbar) feststellen, wie systematisch Ihr Spatz an die Dinge herangeht. Er wird sein eigenes System erfinden, nach dem er seine Sachen ordnet. (Eine Warnung: Bringen Sie es niemals durcheinander, sein System. Steinbock-Mondchen dürfte darauf äußerst gereizt reagieren!) Verblüffend, wie übersichtlich die Bücher, die Bausteine, die Puppenkleider, die Autos und die Stofftiere aufgeräumt werden. Niemals planlos. Chaos ängstigt Ihr Kind. Der Spruch „Ordnung ist das halbe Leben" könnte von einem Steinbock-Mond stammen. Aber: Was ist dann die andere Hälfte? Der Ehrgeiz! Denken Sie nur einmal an das harte Dasein des Steinbocks: Er lebt in der kargen Natur der Berge und muß viele Hürden und Hindernisse überwinden, ehe er den Baum erreicht, dessen saftige Blätter ihn von weitem anlocken. Er klettert mit blinder Sicherheit an den gefährlichsten Abgründen entlang, überspringt Felsspalten und läßt sich auch von den steilsten Hängen nicht abhalten. So denkt, fühlt und handelt auch Ihr Mond-Kind. Wenn es sich etwas in den Kopf gesetzt hat, wird es sein Ziel auch erreichen! Mit eiserner Kraft und noch viel mehr eisernem Willen.

Hilfe, Steinböckchen trotzt!

Und wie! Sie erkennen Ihren Schatz während seines zweiten und dritten Lebensjahres manches Mal wahrscheinlich kaum wieder. „Ich will", wird er schreien. Und Sie dabei derart wütend und aggressiv anschauen, daß Sie im ersten Moment weiche Knie vor Schreck bekommen. „Das soll mein Kind sein? Das eher schüchterne, anhängliche kleine Wesen?"

werden Sie sich erschüttert fragen. Stellen Sie sich lieber auf lange Kämpfe ein. Gut ist, daß die Wutanfälle seltener vorkommen als bei temperamentvolleren Mondchen wie zum Beispiel den Zwillingen oder den Widdern. Aber dafür umso gewaltiger. Ein Steinbock-Mondchen gibt nicht leicht nach. Und schon gar nicht auf. Sicherlich, Sie werden es wie alle Eltern schaffen, es zu beruhigen oder abzulenken. Doch damit ist der Kampf noch nicht vorbei. Wenn es nichts Wichtiges war, wird Ihr Kind die Enttäuschung über Ihr Nein hinunterschlucken und bald vergessen haben. Falls es sich aber um etwas handelt, das für Ihren Schatz jetzt und in diesem Moment „lebenswichtig" ist, dann wird er immer wieder darauf zurückkommen. Und zwar so lange, bis Sie klein beigeben. Oder der Papa. Oder die Oma. Irgendwer. Am besten, Sie denken lieber gleich über einen Kompromiß nach, mit

---

STEINBOCK-MONDCHENS BESTE FREUNDE

Viele Steinbock-Mondchen wünschen sich brennend, so temperamentvoll, allseits beliebt und forsch zu sein wie zum Beispiel die Zwillinge- oder die Schütze-Monde. Es wäre schön, gäbe es in Ihrer Nachbarschaft ein Kind mit solch einem Zeichen. Die Fröhlichkeit würde Ihrem Schatz sicherlich guttun. Eine Seelenverwandtschaft verbindet es mit den Stier- und den Jungfrau-Mondchen. Förderlich wäre sicherlich die Freundschaft zu einer ausgeglichenen, musischen Waage. Hier könnte Ihr Kind eine gewisse Leichtigkeit lernen, seine Liebe zu den schönen Dingen entdecken und äußerst kreative Spiele entwickeln. Rechnen Sie doch mal nach, welches Kind in Ihrer Nähe einen Waage-Mond hat.

dem Sie beide leben können. Härte hilft bei einem Steinbock-Mondchen wenig. Vielleicht gehören Sie zu den Eltern, die einen Klaps zur rechten Zeit nicht ablehnen. Der Klaps wird Ihren Spatz aber auch nicht von seinem Vorhaben oder seinem Wunsch abhalten. Im Gegenteil. Er wird ihn sich merken, darunter leiden, ihn nie vergessen. Und dann den Kampf wieder aufnehmen. Denken Sie an den Steinbock in den Bergen!

Kinderspiele – ein Blick in die Seele!

Steinbock-Mondchen zeichnen gerne. Wenn Ihr Kind alt genug ist, um sich künstlerisch auszudrücken, wenn es Formen und alles andere, was es bewegt, wiedergeben kann, dann sollten Sie sich seine Bilder einmal genauer anschauen. Weil es über seine eigenen Belange keine großen Worte verliert, können die Bilder ein Blick in sein Seelchen sein. Wirklich süß ist, wenn ein Steinbock-Mondchen sein Lieblingsspiel spielt: groß sein wie Mama und Papa. Einfach herrlich, mit welch einer Genauigkeit ein Steinbock-Mondchen seine großen Vorbilder kopiert. „Iß jetzt diese Suppe!" wird es Ihnen mit erhobenem Zeigefinger sagen. Und Sie dabei streng und unnachgiebig anschauen. Na, kommt Ihnen das nicht irgendwie bekannt vor? Nehmen Sie dieses Spiel als wunderbare Möglichkeit, ein wenig in das Herz Ihres Kindes zu gucken. Denn in der Art, wie es Ihre Rolle übernimmt, erkennen Sie, was ihm an Ihnen imponiert, was es an Ihnen liebt und bewundert. Vielleicht aber auch, was es vermißt oder worunter es manchmal leidet. Über seinen Schmerz und seine Trauer spricht dieses Mondchen nämlich selten. Vielleicht nimmt es äußerlich kühl und gelassen hin, daß Sie halbtags berufstätig sind und es regelmäßig „verlassen"? Vielleicht beobachtet es auch täglich, daß Sie mit dem Geschwisterchen schmusen, während es weni-

ger Streicheleinheiten abbekommt? Falls Sie nun antworten: „Aber mein Kind ist doch gar kein Schmuserchen", haben Sie damit zunächst einmal recht. Doch auch Steinbock-Mondchen sehnen sich nach körperlicher Zuneigung. Sie reagieren eben nur anders darauf. Und wieder einmal: Sie können Ihnen diesen sehnsüchtigen Wunsch nur selten zeigen. Deshalb ganz wichtig: Versuchen Sie, Ihrem Schatz oft ganz nah zu sein. Er spielt nach außen hin gerne den großen Helden, den nichts und niemand so leicht erschüttert, doch drinnen, tief drinnen in seinem Herzchen ist er sensibel, empfindsam und leicht verletzlich. Er braucht Ihre Liebe. Eben nicht nur verbal, sondern auch körperlich. Schauen Sie doch einmal, wie rot die kleinen Ohren vor Freude werden, wenn Sie ihm den Bauch oder den Rücken kraulen, liebevoll über die Haare streichen oder die winzigen Hände zärtlich drücken. Na, haben Sie's gesehen?

In der Schule: allein auf weiter Flur

Da geht er hin, der kleine Schatz: Mit seiner Schultüte voller süßer Köstlichkeiten marschiert er in einen neuen Lebensabschnitt. Ziemlich gemischte Gefühle werden ihn begleiten. Denn tief in seinem Inneren spürt er, daß die unbeschwerten Kindertage in Ihrer Nähe nun vorbei sind. Falls Ihr Schatz im

103

Planeten in einem solchen). Es trägt sein Herz nicht auf der Zunge und sucht sich seine Freunde sehr sorgfältig aus. Es wird vielleicht nur einen haben. Doch dieser wird der Nachfolger des Schmusetierchens, das heimlich unter dem Kopfkissen liegt und sich die Sorgen und Nöte Ihres Mondchens schweigend und verständnisvoll anhört.

Sport: Bitte keine großen Sprünge

Viele Steinbock-Mond-Eltern berichten mir, daß ihr Kind relativ bewegungsfaul sei. Nun, ein ausdauernder Langstreckenläufer oder ein

104 Kindergarten war, wird er sich schnell in der Klasse mit all den fremden Gesichtern zurechtfinden. Falls nicht, sollten Sie ihn in langen und positiven Gesprächen darauf vorbereiten. Gefallen wird ihm die Disziplin, die dort herrscht. Er wird sich zwar nicht durch enorme Geistesblitze oder häufiges Melden hervortun, doch die Lehrer schätzen Steinbock-Mondchen wegen ihrer Gründlichkeit, ihrer Konzentrationsfähigkeit und ihrer Genauigkeit. Als Eltern werden Sie nicht dreimal darum bitten müssen, daß nun endlich die Hausaufgaben gemacht werden. In der Regel kommen diese Kinder nach Hause, essen und erledigen dann ihre Pflicht. Spielen? Na, klar. Aber erst, wenn die Arbeit getan ist! Super. Und dann, nach einigen Wochen, vielleicht sogar Monaten, wird es einmal an Ihrer Haustüre klingeln. Ein fremdes Kind wird dort stehen und nach Ihrem Mondchen fragen. Freuen Sie sich: Ihr Kind hat Freundschaft geschlossen. Jede Wette: Sie wird auch in zwanzig Jahren noch bestehen. Rechnen Sie nicht damit, daß Ihr Kind einen großen Bekanntenkreis haben wird (es sei denn, es hat ein extrovertiertes Sonnenzeichen oder viele

---

STEINBOCK-MONDCHENS TRAUMBERUFE

Mit seiner Disziplin, seinem Fleiß und seinem Verantwortungsbewußtsein wird Ihr Mondkind auch später auffallen. Vor allem natürlich bei seinem zukünftigen Chef oder Lehrmeister. Der Steinbock-Mond ist der ruhende Pol innerhalb des Kollegenkreises. Mehrarbeit nimmt er klaglos an – sofern er dafür entsprechend belohnt wird. Diese Belohnung muß sich allerdings nicht finanziell auswirken. Eine Beförderung ist dem Steinbock-Mondchen lieber. Denn es will hoch hinaus. Titel und Ehren sind ihm wichtig. Die meisten Steinbock-Monde studieren und schließen das Studium mit einem Diplom ab. Wer dazu keine Möglichkeit hat, wird es aber trotzdem weit bringen. Und wenn es „nur" das Ansehen ist, das er in der Firma und bei Kunden oder Geschäftspartnern genießt. Ideal plaziert sind Steinbock-Monde in den Kreditabteilungen der Banken, als Buchhalter oder Ingenieure. Man findet sie aber auch in der Politik, im Immobilienwesen und unter Zahnärzten.

wagemutiger Turmspringer steckt sicherlich in den wenigsten Kindern dieses Mondzeichens. Eher schon ein Wanderer, ein Radfahrer oder ein Skilangläufer. Steinbock-Kinder mögen wie die anderen beiden Erdzeichen (Stier und Jungfrau) die Natur. Allerdings muß man viele dieser Mondchen erstmal zu ihrem Glück zwingen. Durch ihre Anhänglichkeit ziehen sie – wie gesagt – Spiele innerhalb der Wohnung vor. Unternehmen Sie deshalb zunächst kleinere Wanderungen. Vielleicht besuchen Sie den Zoo. Oder machen ein Picknick im Grünen. Das gefällt Steinböckchen. Ferien auf dem Bauernhof sind sicherlich optimal. Oder zumindest sehr viel interessanter für Ihr Kind als das Braten am Meer. Ausflüge in die Berge sind Balsam für die Seele Ihres kleinen Lieblings.

Worauf Sie achten sollten

Es liegt in der Natur des Steinbock-Zeichens, daß es sehr viel von sich selbst verlangt, sich selten Ruhe und Entspannung gönnt und äußerst hart zu sich selbst sein kann. Schmerzen werden meist klaglos ertragen. Leider auch Kummer und Trauer. Falls Sie es nicht schon tun, dann sollten Sie sich am besten abends vor dem Zubettgehen eine halbe Stunde Zeit für Ihren Steinbock-Schatz nehmen, ihm eine fröhliche Geschichte erzählen, ihn dabei streicheln und liebhaben. Lachen Sie

viel und oft mit Ihrem Kind, toben Sie ruhig auch mal auf dem Bett herum. Das befreit Ihr Kind von den dunklen Gedanken, die es manchmal hat. Und noch ein guter Tip: Bringen Sie Ihrem Kind ab und zu ganz überraschend eine Kleinigkeit mit. Nichts Großartiges. Vielleicht einen Lolli. Oder ein kleines Stofftierchen. Ein neues Malbuch. Oder einen süßen Schlüsselanhänger. Sagen Sie ihm, daß Sie ganz arg an ihn gedacht und deshalb etwas für ihn ausgesucht haben. Um ihm eine Freude zu machen, weil sie ihn so lieb haben. Diese kleinen Liebesbeweise sind dem Mini-Steinböckchen sehr wichtig. Es wird sie wie einen Schatz hüten. Es würde mich nicht wundern, wenn Ihr Blick in zwanzig Jahren ganz zufällig auf den Anhänger am Autoschlüssel Ihres Mondchens fiele. Nanu, den kennen Sie doch? Tatsächlich. Es ist derselbe, den Sie ihm vor Ewigkeiten geschenkt haben. Er wird sich nicht von ihm trennen. Genausowenig wie von Ihnen. Als „Familientier" geboren, wird der Steinbock-Mond auch als Erwachsener fest zu Ihnen stehen. Weniger als Kind, sondern als guter Freund oder beste Freundin.

Das Abenteuer von Piccolino-Däumling

Ob du es glaubst oder nicht – es gab vor langer, langer Zeit einmal einen Jungen, der nicht größer war als dein kleiner Finger. Sein Name war Piccolino. Die Eltern von Piccolino waren sehr arm. Sein Vater hütete die Schafe des Königs, der hoch oben auf dem Berg in einem wunderschönen Schloß wohnte. Auch Piccolinos Mutter arbeitete für die Königsfamilie. Jeden Tag stieg sie hinauf zum Schloß und arbeitete dort in der Küche. Wenn sie abends fertig war, packte ihr der Koch einige Leckereien ein, so daß Piccolino und seine Eltern immer gute Sachen zu essen hatten. Weil Piccolino so winzig war und niemanden störte, durfte er mit ins Schloß. Den ganzen Tag über lief er durch die riesigen Räume und bewunderte die schönen Möbel und die großen Bilder an den Wänden. Er befühlte die weichen Teppiche und schnupperte an den wunderbaren Blumen im Garten. Am besten gefiel ihm aber die schöne Prinzessin, die genauso alt war wie er. So ging es Jahr für Jahr. Die Prinzessin wurde größer und größer und immer schöner. Piccolino aber blieb so klein, wie er war.

Auf einem seiner Ausflüge in den Schloßgarten sah Piccolino eines Tages einen wunderschönen Schmetterling. „Darf ich auf dir reiten?" fragte Piccolino das Tierchen. „Ja, klar", sagte der Schmetterling. „Steig nur auf, ich will vorsichtig sein!" Piccolino kletterte auf den Rücken des Schmetterlings – und hui, los ging der Flug. War das toll! Sie flogen über den prächtigen Garten, am Küchenfenster vorbei hinunter zu der Wiese, auf der Piccolinos Vater die Schafe hütete. Weiter ging der Flug zu einem plätschernden Bach und über den Wald hinweg. Doch – oje – ein heftiger Windstoß schüttelte und rüttelte den Schmetterling, und ehe sich Piccolino versah, rutschte er vom Rücken herunter. Er fiel und fiel – und landete direkt auf dem Schornstein des Räuberhauses! Piccolino kletterte hinein und krabbelte den Kamin hinunter. Niemand bemerkte ihn, weil er ja so klein war. Da saß er nun im Kamin und schaute auf die zwölf Räuber, die gerade planten, in dieser Nacht ins Schloß einzubrechen. „Ich muß den König warnen!" dachte Piccolino aufgeregt. „Aber wie komme ich hier wieder weg?" Da sah Piccolino eine große dicke schwarze Stubenfliege. „Tsch", zischelte er ihr zu. „Fliege, komm, du mußt mir helfen!" Die Fliege brummte zum Kamin und fragt Piccolino: „Was willst du kleiner Wicht?"

„Bringst du mich schnell zum Schloß, liebe Fliege? Wir müssen den König warnen!" flüsterte Piccolino der Fliege zu. „Oh, wie aufregend", sagte die Fliege und machte sich ganz klein, damit Piccolino aufsteigen konnte. Und hast du's nicht gesehen – flogen die beiden neuen Freunde durch den Kamin auf und davon.

Der König hielt gerade sein Mittagsschläfchen, als Piccolino auf der Fliege durchs Fenster hereingeflogen kam. Sie landeten direkt neben seinem rechten Ohr, und Piccolino flüsterte dem König zu: „Lieber König, heute Nacht wollen die Räuber ins Schloß einbrechen. Stellt doppelt so viele Wachen auf, damit Ihr sie fangen könnt!" Die Fliege wollte

schon wieder starten, als Piccolino dem König noch schnell ein Haar herausrupfte. Das steckte er sich in seine Hosentasche – und dann brachte die Fliege Piccolino zurück in die Küche, wo die Mutter schon wartete. Und wie es Piccolino vorausgesagt hatte, so geschah es. Nachts kamen die Räuber, doch der König hatte doppelt so viele Wachen aufgestellt. Die fingen die Räuber alle ein und steckten sie ins Gefängnis. Der König aber ließ im ganzen Land verkünden, daß er dem, der ihn vor den Räubern gewarnt hatte, die schöne Prinzessin zur Frau geben würde. „Geh' heute zum König und sag' ihm, daß ich das war!" sagte Piccolino zu seiner Mutter. Doch die schüttelte traurig den Kopf und antwortete: „Du bist doch viel zu klein für die Prinzessin. Der König wird uns auslachen!" Da setzte sich Piccolino ganz traurig an den Bach. Er weinte und schaute seine winzigen Fingerchen an, seine Beinchen, seine Ärmchen. „Ach, wenn ich doch groß wäre", dachte er. Da spürte er neben sich einen sanften Windhauch. Er drehte sich um und sah eine wunderschöne kleine Fee neben sich. „Warum weinst du denn, Piccolino?" Piccolino klagte ihr sein Leid und verriet ihr auch, wie sehr er die Prinzessin lieb hatte. „Aber einen so winzigen Mann wie mich will sie bestimmt nicht. Sie wird mich auslachen!" Die Fee lächelte Piccolino geheimnisvoll an. „Dir kann geholfen werden! Du hast eine gute Tat vollbracht. Und die will ich dir belohnen. Leg' dich nun hin und träume. Wenn du aufwachst, wirst du ein anderer sein!" Piccolino legte sich hin und fiel bald in einen tiefen, festen Schlaf. Er wachte schließlich auf, weil ihn eine Stubenfliege an der Nase kitzelte. „Wach auf, Piccolino!" hörte er sie flüstern. Er schlug die Augen auf und sah auf seiner Nase eine kleine Fliege sitzen. Aufgeregt sprang er auf seine beiden Füße. Gott,

wie war er groß auf einmal! Und schön! Außer sich vor Freude sprang und hüpfte und rannte er zur Hütte seiner Eltern. Doch seine Mutter und sein Vater erkannten den stattlichen jungen Mann erst gar nicht. „Ich bin es wirklich", jubelte Piccolino und tanzte mit seiner Mutter durch die Hütte. „Ich bin groß, groß, groß. Die gute Fee hat ihr Wort gehalten!"
Dann stiegen Mutter, Vater und Piccolino hinauf zum Schloß. „Ich war es, der Euch gewarnt hat", sagte Piccolino, der jetzt groß war. „Kannst du das denn auch beweisen?" fragte der König, denn es waren schon viele junge Männer dagewesen, die alle dasselbe behauptet hatten. „Aber ja", lachte Piccolino und zog das Haar des Königs aus seiner Hosentasche. „Hier ist der Beweis. Als ich Euch ins Ohr flüsterte, habe ich Euch dieses Haar herausgerupft!" Der König schaute sich das Haar genau an. Und auch die Königin verglich es. Dann aber stand der König feierlich auf und sagte: „Du bist es wirklich!" Noch am selben Tag wurde die Hochzeit gefeiert. Und die Prinzessin und Piccolino lebten viele, viele Jahre glücklich und verliebt miteinander.

107

Das Wassermann-Mondchen
KLEINER REBELL MIT GROSSEM HERZEN

*Die Gedanken jagen wie Blitze durch sein Köpfchen.
Es denkt mit Lichtgeschwindigkeit und besitzt darüber hinaus auch noch
eine mächtige Portion Intuition. Wassermann-Mondchen wird Sie
ordentlich auf Trab halten. Mit seinen Fragen. Aber auch mit seinem
genialen Erfindergeist ...*

Im vergangenen Sommer besuchte ich wieder einmal meine Freundin, deren Wassermann-Mondchen damals knapp zwei Jahre alt war: Laura, ein süßes, außergewöhnlich cleveres kleines Mädchen. Irgendwann entdeckte sie auf der Terrasse die große grüne Fünfzehn-Liter-Gießkanne ihres Vaters, der damit abends immer die Blumen goß. Mit all ihrer Kraft schleppte sie die Kanne zur Regentonne, aus der der Vater das Blumenwasser holte. Verzweifelt versuchte sie, wie der Papa die Öffnung vor den winzigen schwarzen Hahn zu halten. Doch wie auch immer sie die Kanne hielt – der Griff war im Weg. Laura war schon damals kein Geduldsengel. Wütend knallte sie schließlich die Kanne gegen das Regenfaß. Wir warfen uns Blicke zu und warteten neugierig ab, was nun wohl passieren würde. Ein Trotzanfall? Nein, glücklicherweise nicht. Laura beruhigte sich sehr schnell, stellte die Kanne vor die Regentonne, setzte sich davor – und dachte nach. Man konnte förmlich sehen, wie es in dem kleinen Köpfchen arbeitete. Schließlich hatte sie eine Idee. Eine geniale, wie ich finde: Sie nahm die Kanne, stülpte die Schnabelöffnung über den Hahn (eine Millimeterarbeit!) und drehte ihn auf. Gluckernd und sprudelnd lief das Wasser in die Kanne. Laura strahlte und blickte sich stolz um. Wir klatschten natürlich begeistert Beifall. Das Wassermann-Mondchen hatte seinem Erfindergeist alle Ehre getan!

Wassermann-Mondchen stellen ihre Eltern oft vor ein Rätsel. „Woher weiß das Kind das?" oder „Wie kommt es nur auf solch eine Idee?" sind Fragen, die sich Mütter und Väter eines Wassermann-Kindes viel öfter als andere stellen. Ja, woher? Astrologisch ordnet man dem Wassermann den Planeten Uranus als Herrscher zu. Uranus symbolisiert alles Überraschende, Urplötzliche. Und ganz ähnlich arbeitet der Geist Ihres Kindes: Wie Blitze jagen die Gedanken durch seinen Kopf. Es denkt mit Lichtgeschwindigkeit und besitzt darüber hinaus auch noch eine gehörige Menge Intuition. Nach außen hin ist davon allerdings kaum etwas zu spüren. Wassermann-Mondchen wirken ruhig und genügsam – doch wehe, wenn sie (auf ein Problem) losgelassen! Ein wirklich freundliches und durchaus fürsorglich gemeintes „Nein!" reicht oft aus, um eine mehr als heftige Reaktion hervorzurufen. (Wassermann-Mondchen denkt: „Das will ich gefälligst selbst herausfinden!") Und dann fliegt schon mal das Fläschchen durch die Luft, oder das winzige Fäustchen saust gefährlich nahe an Ihrer Nase vorbei. Stellen Sie sich darauf ein: Ihr Wassermann-Mondchen ist „unberechenbar". So, wie Uranus eine heile Welt von der einen auf die andere Sekunde aus allen Fugen bringen kann.

Genie und Wahnsinn

Beides liegt nah beieinander, sagt man. Und Sie werden wohl hautnah erleben, was damit gemeint ist. In einem Moment erfindet Ihr Spatz aus alten Teilen gerade eine völlig neue Küchenmaschine, im nächsten donnert Ihre Lieblings-CD in solch einer Lautstärke los, daß die Nachbarn über Ihnen leichenblaß vor Schreck vor Ihrer Wohnungstür auftauchen. Ist Ihr Spatz plötzlich ausgeflippt? Nein, er wollte doch nur mal hören, was passiert, wenn man den großen schwarzen Knopf ganz, ganz,

ganz nach rechts dreht. (Woher er mit seinen zwei Jahren bereits weiß, wie der CD-Player in Gang gesetzt wird, gehört – nebenbei gesagt – zu den Rätseln, über die Sie insgeheim schon länger nachgrübeln.)

Babys erste Lebensmonate

Sie freuen sich über dieses brave, genügsame und ausgeglichene Baby. Es liegt herrlich zufrieden in seinem Bettchen, nuckelt begeistert an seinem Schnuller und wirft Ihnen ein zärtliches, herzliches und verliebtes Lächeln zu. Ihre Freundinnen beneiden Sie glühend um dieses Prachtkind, das außerdem ziemlich bald schon nachts durchschläft. Doch etwas kommt Ihnen seltsam vor: Warum kneift Ihr kaum drei Monate altes Wonnebündel denn so komisch seine Augen zusammen, wenn sich das bunte Mobile über seinem Bettchen dreht? Braucht das Kind etwa schon eine Brille? Keineswegs. Es sieht schärfer als wir alle zusammen, wahrscheinlich. Nein. Es denkt garantiert darüber nach, was für ein Antriebssystem dieses Ding wohl zum Schweben bringt. Oder stört es sich vielleicht daran, daß zwischen all den knatschbunten Figuren ein zartes, pastelliges Schäfchen herumfliegt, das überhaupt nicht dazupaßt?

Na, ahnen Sie etwas: Richtig vermutet – Sie haben ein Wunderkind bekommen. Natürlich halten alle Eltern ihr Kind für etwas ganz Besonderes. Hier liegt die Sache aber anders. Wassermann-Mondchen haben eine fast unheimliche Wahrnehmungsgabe, eine haarscharfe Logik und einen schöpferischen Geist mit auf den Lebensweg bekommen. Nicht umsonst häufen sich unter den Wassermann-Monden die genialsten Erfinder, die phantasievollsten Künstler und die engagiertesten Rebellen. Sie kennen doch die Geschichte von Robin Hood, oder? Er steht symbolisch für

den Charakter Ihres Kindes: Rebell, Reformer, Kämpfer – aber einer mit einem riesengroßen Herzen!

Bedenken Sie das, wenn Sie Ihren Spatz das nächste Mal zurechtweisen. Seine oft völlig „unlogischen" Handlungen entpuppen sich im nachhinein nämlich meistens als überaus sinnvoll und „menschenfreundlich". Sie haben dem Schatz vielleicht ein neues Spielzeug geschenkt. Innerhalb kürzester Zeit hat er es zerlegt und alle Kleinteile daraus entfernt. (Daß er es trotz der fehlenden Teile wieder zusammengebaut bekommt, ist ja klar!) Sie schimpfen: Warum er denn immer alles kaputtmachen muß? Schließlich bimmelt und zischt das Ding jetzt nicht mehr! Ihr Schatz schaut Sie lange und nachdenklich an, zuckt mit den Schultern und läuft schnurstracks zum kleinen Geschwisterchen. Dem gibt er das Spielzeug in die Hand – und Ihnen fällt es wie Schuppen von den Augen: Wassermann-Mondchen wollte das Brüderchen davor schützen, Kleinteile hinunterzuschlucken! Genial, oder?

Spielen – aber richtig!

Es hat wahrscheinlich recht wenig Sinn, Ihrem Wassermann-Mondchen, das gerade sitzen gelernt hat, einen bunten Ball zwischen die Beinchen zu legen. Mit solch einem langweiligen Teil wird es kaum etwas anfangen können (es sei denn, es ist ein Wasserball, aus dem Sie immer wieder die Luft ablassen können). Nein. Ihr Schatz braucht etwas in seinen kleinen Händen, das er genauestens untersuchen, in sich drehen und wenden kann. Das möglichst von jeder Seite anders aussieht und sich darüber hinaus auch noch auseinandernehmen läßt. Versuchen Sie es doch mal mit den berühmten magischen Würfeln!

Vermutlich müssen Sie Ihr Kind dazu ermuntern, sich auf die Knie zu heben und krabbeln zu lernen. Zwar arbeitet sein Geist auf Hochtouren, doch sein Körperchen ist in der Regel eher träge. Logisch, wenn man sich vor Augen führt, daß die meiste Energie fürs Denken gebraucht wird. Also: Krabbeln Sie voraus, auch wenn Sie sich dabei ein bißchen albern vorkommen. Legen Sie sein Lieblingsspielzeug etwas entfernt von ihm hin. Oder setzen Sie sich einen Meter weg von ihm, und locken Sie ihn mit einem liebevollen „Komm, mein Schatz, komm!" Natürlich wird er Ihre Absicht sofort durchschauen und zunächst einmal stur sitzenbleiben. Doch gerade dann, wenn Sie nach einigen Wochen entnervt aufgeben wollen (und für sich entscheiden, daß er eben ein Spätentwickler ist), wird er sich auf den Bauch kullern, den Popo in die Höhe strecken und Ihnen entgegenwackeln. Wassermann-Mondchen ist jetzt kaum mehr zu bremsen.

Sehr schnell findet es nämlich heraus, daß man auf den Knien und bald darauf auf seinen Beinen einen weitaus größeren Aktionsradius hat. Endlich kann man sich die Palme aus der Nähe anschauen und untersuchen, wie biegsam die Stengel sind. (Oder wieviel Erde in dem Topf ist.) Und da ist doch auch noch Vaters unterste Schreibtischschublade! Ein herrliches Unterhaltungsspiel: alles ausräumen und dann herausfinden, ob all die Sachen auch wieder hineinpassen. Die Schublade wird vielleicht Ihr erster Babysitter. Denn mit dem Aus- und Einräumen können sich besonders Wassermann-Mondchen stundenlang beschäftigen! Anderen Kindern genügt es übrigens, die Sachen herauszuholen, wild im Zimmer zu verstreuen – und dann nach einem anderen Spielzeug Ausschau zu halten.

Augen auf beim Wassermann-Mondchen

An dieser Stelle aber auch gleich ein Rat: Behalten Sie Ihr Kind im Auge. Jede Sekunde. Mit seinem schnellen Denken und Handelnwollen kann der Körper oft nicht Schritt halten. Im wahrsten Sinne des Wortes: Stürze, ein angestoßenes Köpfchen, verstauchte Knöchel, aufgeschlagene Knie sind die ständigen Begleiter Ihres Lieblings (bis ins Teenager-Alter!). Decken Sie also vorsichtshalber Tisch-, Bett- oder Schrankkanten ab, und „entschärfen" Sie ganz allgemein Ihre Wohnung. Falls sich eine Treppe im Haus oder in

112

der Wohnung befindet, sollten Sie drei, vier Jahre lang ein Törchen davormontieren.

Peinlich, peinlich!

Sie freuen sich natürlich über Ihr blitzgescheites Kind. Gerade hat es Ihnen anvertraut, daß es Meeresforscher werden möchte. Sie sind stolz auf seine klugen Gedanken und seinen riesigen Wortschatz. Manchmal allerdings wünschen Sie sich insgeheim, daß es ruhig ein bißchen „normaler" sein dürfte. Vielleicht, wenn es die Verkäuferin im Supermarkt konzentriert anschaut und ihr dann unschuldig (von wegen: Schauen Sie ihm dabei in die Augen!) sagt, daß ihre Perücke verrutscht ist (sie trägt wirklich eine). Peinlich, peinlich. Für Sie? Jedenfalls nicht für Ihren Schatz! Er hat es doch nur gut gemeint mit der Frau (wir sind wieder bei seiner Menschenliebe), die doch wirklich ziemlich lächerlich aussieht mit dem abgerutschten Teil auf dem Kopf.

Diese uranusbeseelten Kinder tun alles, damit es anderen gut geht. Sie werden verwöhnt werden, Ihr Kind wird es genießen, Sie ab und zu bemuttern, Ihnen Einschlafgeschichten zu erzählen und Ihnen morgens den Kaffee ans Bett zu bringen. Dementsprechend ist es in Ihrer Familie beliebt, bei Ihren Freunden – und bei seinen. Davon wird es reichlich geben. Richten Sie sich darauf ein, daß Ihr Spatz (spätestens) ab dem Kindergartenalter öfter mit ein, zwei, drei Kamerädchen auftaucht, die er großzügig zum Mittagessen eingeladen hat. Oder zu Kakao und Kuchen. Je spontaner Sie auf seine Blitzgedanken eingehen, desto wohler fühlt sich Ihr Kind. Und desto besser kann es sich entwickeln. Klar, es ist eine Herausforderung und eine große Verantwortung, solch ein Geistesbündel zu erziehen. Es gehört

viel Energie dazu, besondere Weitsicht und natürlich auch reichlich Humor. Wenn Ihr Wassermann-Mondchen außerdem noch einige Planeten in anderen Luftzeichen hat, werden Sie nicht darum herumkommen, Ihren eigenen Wissensstand ständig zu erweitern und dem Kind zu vermitteln. Es will alles wissen, weil es schließlich einmal die Welt verändern wird. Das ist sicher.

Tagträumen? Am liebsten in der Schule!

Doch bevor es tatsächlich Rebellenführer, Ozeanograph, Astrophysiker, Astronaut oder Primaballerina wird, muß es eben erst einmal die Schulbank drücken. Für die meisten Wassermann-Geborenen ein lästiges Übel. Warum erklärt die Lehrerin denn alles so ausführlich und langatmig? Auch hier brillieren diese Kinder – allerdings nur dann, wenn sie von einem „Lehrkörper" unterrichtet werden, der um ihren schnellen und scharfen Verstand weiß. Wassermann-Mondchen lösen die gestellten Aufgaben in Windeseile, doch darf man von ihnen nie eine Erklärung verlangen, wie sie auf

WASSERMANN-MONDCHENS TRAUMBERUFE

Astrophysiker, Meeresforscher, Anthropologe, Komponist, Mode-Designer, Clown, Satiriker oder Bestseller-Autor? In Ihrem Schatz stecken tausend verborgene Talente, die man allerdings alle auf einen Nenner bringen kann: Sie haben nichts mit „normalen" Berufsbildern zu tun. Ihr Kind schwebt bereits in jungen Jahren in den Wolken, will hoch hinaus, die Welt verändern und verbessern. Dazu wählt ein Wassermann-Mondchen häufig recht komplizierte Wege und arbeitet erst jahrelang in den verschiedensten Berufen, die sich dann im nachhinein als logisch im Hinblick auf seinen endgültigen Beruf erweisen. Prädestiniert sind Wassermann-Mondchen sicherlich für die oben genannten. Doch auch als Fotografen, Reporter (in Krisengebieten) oder wissenschaftliche Mitarbeiter sind sie erfolgreich und auch zufrieden.

die (natürlich richtige!) Lösung kamen. Viele entwickeln für sich völlig neue und sehr viel einfachere Formeln, besonders in Fächern wie Mathematik, Physik oder Chemie. Konservative Lehrer, die auf die Einhaltung bestehender „Gesetze" pochen, werden ein Greuel sein für Ihren Junior oder für Ihr Wassermann-Mond-Mädchen. Und was passiert, wenn der Lehrer weit ausholt, alles wieder und wieder für die langsameren Schüler erklärt? Wassermann-Mondchen beginnt zu träumen. Von seinen Raumfahrten, seinen Auftritten als Tänzerin, von seinen nachmittäglichen Forschertouren oder von seiner glühenden Rede, die es gleich nachher im Pausenhof halten will. Thema: „Mehr Freiheit für die Schüler!" Sorgen brauchen Sie sich um die Leistungen

Ihres Kindes nicht zu machen, wenn Sie schon früh beginnen, sein Gedächtnis zu trainieren (zum Beispiel mit Memory-Spielen). Ein gutes Gedächtnis ist nicht die starke Seite dieses Zeichens. Wassermann-Mondchen denken und verstehen intuitiv. Sie finden die Lösung, doch keiner weiß (nicht einmal sie selbst), wie.

Spiel, Sport und Spaß ist angesagt!

Wie bereits gesagt, muß man ein Wassermann-Mondchen normalerweise zur körperlichen Bewegung drängen. Das gelingt sehr viel leichter, wenn Sie sich nach Sportgeräten erkundigen, die vielleicht gerade erst in Amerika auf den Markt kamen. Auch wenn es einigen Aufwand bedeutet, versuchen Sie, an solch ein Ding heranzukommen. Warum? Wassermann-Mondchen sind die Trendsetter unter den Tierkreiszeichen (weswegen Sie übrigens für uns „Normale" höchst merkwürdige Ansichten über Mode haben!). Herkömmliche Dinge interessieren sie höchst selten. Vielleicht basteln Sie mit Ihrem Kind aber auch mal wieder eine gute alte „Seifenkiste", die schon so lange „out" ist, daß sie neu entdeckt werden könnte? Rechnen Sie aber lieber nicht damit, daß sich Ihr Mädchen oder Ihr Junge sehr lange mit dem Gerät befaßt. Wenn es die Seifenkiste (Rollerskates, das Snowboard) erst einmal beherrscht, wird es nach einem neuen Sportgerät verlangen. Hier ist Ihr Erfindergeist gefragt! Oder aber Sie lassen Ihr Kind einfach drauflosbasteln. Klagen Sie nicht, wenn darüber Kochtöpfe verschwinden oder Ihr Mixer, Papas Autoersatzteile oder Geschwisterchens Dreirad. Sie werden staunen, welch herrliche Sachen das Wassermann-Mondchen daraus entwickelt. Vielleicht können Sie auf das eine oder andere ja gar ein Patent anmelden und so die Zukunft Ihres kleinen Erfinders absichern? Möglich ist bei Wassermann-Mondchen (beiderlei Geschlechts) einfach alles. Spielen Sie abends in ruhiger Umgebung Gedächtnisspiele mit Ihrem Schatz. Erzählen oder lesen Sie Geschichten vor und fragen Sie ein paar Tage später nach Einzelheiten daraus. So fördern Sie die Konzentration und die Merkfähigkeit, an denen es Wassermann-Mondchen manchmal mangelt.

Ein paar Erziehungstips

Achten Sie doch einmal darauf, ob Ihr Kind öfters sagt: „Das kann ich nicht!" oder „Das macht mir angst!" Viele Wassermann-Mondchen schummeln sich nämlich mit allerlei Ausflüchten um Verantwortung herum. Lassen Sie es seine eigenen Entscheidungen treffen. Aber sorgen Sie mit Ausdauer und viel Geduld dafür, auch danach zu handeln. Falls Sie mitten in einer Streßphase stecken, Kummer haben oder ein Streit mit dem Partner in der Luft liegt, dann reden Sie mit Ihrem Kind darüber. Altersgerecht natürlich. Intuitiv, wie

Ihr Kind ist, wird es nämlich fühlen, daß etwas mit Ihnen oder innerhalb der Familie nicht stimmt. Lassen Sie es dann nicht alleine mit seiner Sorge und dem kindlichen Denken, „schuld" zu sein. Sprechen Sie viel und oft mit Ihrem Kind. Bedenken Sie aber, daß es – auch wenn es sehr reif und überaus klug erscheint – ein kleines Wesen mit einer ganz anderen Gedankenwelt ist. Bleiben Sie in Ihren Erklärungen kindgerecht, und begleiten Sie ihren liebevollen, manchmal herzerfrischend komischen kleinen Schatz auf seinen atemberaubenden Reisen durch seine Phantasiewelten. Er wird Sie vielleicht zu den Sternen führen. Und später, in vielen, vielen Jahren, besuchen Sie ihn an seinem Arbeitsplatz: einer Sternwarte, in denen er Ihnen triumphierend erklärt: „Mama, erinnerst du dich an unser Spiel? Ich wußte doch schon damals, daß es mal Wirklichkeit werden würde!"

115

WASSERMANN-MONDCHENS BESTE FREUNDE

Dazu gehören sicherlich die beiden anderen Luftzeichen Zwillinge und Waage. Doch auch mit einem ehrgeizigen Widder-Mond könnte ein Wassermann-Mondchen eine innige und aufregende Freundschaft schließen. Die beiden würden sich besonders in ihren Erfindungen wunderbar ergänzen. Den Forscherdrang teilt das Wassermann-Mondchen mit dem Skorpion-Mond. Und die Menschenliebe mit einem Krebs-Mond. Wie dieser verwöhnt es gerne. Stellen Sie den beiden Ihre Küche zur Verfügung – und Sie erwartet ein Festmahl!

Vuk, das schlaue Füchschen

Vor langer, langer Zeit lebte in einer Waldhöhle eine Fuchsfamilie. Die Mama, der Papa und ihre drei kleinen Fuchskinder. Tagsüber spielte die Mama mit den Kindern. Dann schlief der Papa. Er ging nämlich immer nachts auf Futtersuche, wenn der Jäger längst in seinem Bett lag und schnarchte. Der kleinste Fuchs hieß Vuk. Er war immer fröhlich und hatte stets die tollsten Spielideen. Und Vuk war neugierig! Eines Nachts, als seine Mama und die Geschwisterchen schon lange schliefen, beobachtete Vuk, wie sich der Papa leise aus der Höhle schlich, um wieder Futter für die Familie zu suchen. Ohne lange zu überlegen, folgte Vuk seinem Papa heimlich hinaus in die dunkle Nacht. Der Papa lief aber viel schneller als der kleine Vuk. Und er wußte ja auch nicht, daß sein kleiner Sohn hinter ihm herlief. Es dauerte nicht lange, und der kleine Vuk war ganz alleine. Vom Papa keine Spur mehr. Vuk lief hierhin und dorthin. Verzweifelt schnüffelte er am Boden, um die Spur seines Papas wiederzufinden. Aber er fand sie nicht. Papa Fuchs war im großen Wald verschwunden. Oh, war das unheimlich. Vom Baum schrie die Eule „Huhuhu". Vuk hatte furchtbare Angst. „Wenn ich doch nur nicht hinterher-

116

geschlichen wäre!" weinte er. Schließlich war er ganz müde vom langen Suchen. Er rollte sich unter einem großen Baum zusammen und schlief ein.

Als er aufwachte, lachte die Sonne vom Himmel. Und der ganze Wald sah überhaupt nicht mehr so unheimlich aus. Vuk suchte und suchte und fand schließlich den Weg nach Hause. Doch was war das? Die Höhle war leer. Keine Mama, kein Papa, keine Geschwisterchen. „Ob sie mich alle suchen?" überlegte der kleine Vuk. Den ganzen Tag über blieb er vor der Höhle sitzen und wartete. Doch niemand kam. Es wurde bereits dunkel, als er plötzlich ein Geräusch hörte. „Wer ist denn da?" fragte Vuk mutig, doch seine Beine schlotterten vor Angst. „Ich bin's, dein Onkel Karasch", hörte er eine Stimme sagen. Da freute er sich. Onkel Karasch war nämlich sein Lieblingsonkel. Er kannte die tollsten Geschichten und brachte immer leckeres Essen für ihn und seine Geschwisterchen mit, wenn er zu Besuch kam. Doch was Onkel Karasch ihm nun erzählte, war überhaupt nicht schön: „Der Jäger ist ganz früh am Morgen gekommen und hat deine ganze Familie mitgenommen. Warum hat er dich nicht auch gefangen?"

Vuk erzählte Onkel Karasch, daß er dem Papa hinterhergeschlichen ist, dann aber seine Spur verloren hatte. „So wirst du jetzt bei mir wohnen", entschied Onkel Karasch. „Denn du bist noch viel zu klein, um für dich selbst zu sorgen." Es vergingen einige Tage. Vuk fühlte sich wohl beim Onkel – doch er konnte seine Mama, seinen Papa und die beiden Geschwisterchen nicht vergessen. Nachts weinte er sich in den Schlaf. Er hatte Angst um seine Familie, denn Onkel Karasch hatte ihm erzählt, daß der Jäger nur darauf wartete, daß seine Geschwisterchen groß sind. Dann wollte er sie zusammen mit der Mama und dem Papa an einen Mann verkaufen, der aus ihren Fellen einen schönen Mantel machen würde. Wie schrecklich!

Eines Nachts, als Onkel Karasch wieder einmal Futter suchte, schlich sich Vuk zum Haus des Jägers. Ganz vorsichtig krabbelte er unter dem Zaun durch. Dort, dort sah er einen Stall. Und er sah die Augen seiner Mama leuchten! Schnell lief er zu dem Stall. „Mama, Papa!" flüsterte er. Es raschelte, dann tauchte die Mama am Zaun auf. „Vuk, bist du das? Lauf schnell, bevor dich der Jäger auch noch einfängt!" Und da fingen die Hunde des Jägers auch schon wild an zu bellen. „Lauf, mein kleiner Vuk, lauf", rief die Mama, und Vuk lief, so schnell ihn seine Beine trugen, zurück in den Wald. Am nächsten Morgen erzählte er Onkel Karasch sein Abenteuer. „Wir müssen meine Familie retten", sagte er. Doch Onkel Karasch wollte nichts davon wissen. „Die Hunde des Jägers würden uns sofort beißen, wenn wir dort noch einmal auftauchen!" Vuk überlegte. Füchse sind schlau. Auch ganz kleine. Einen ganzen Tag lang dachte Vuk nach. Abends war sein Plan fertig. Onkel Karasch hörte sich alles genau an, dann sagte er: „Ja, so könnte es uns gelingen!" Als es ganz dunkel war, liefen Vuk und Onkel Karasch in den Wald und riefen die Eule. „Eule, Eule, wo bist du?" Von weitem hörten sie ein leises „Huhuhu". Dann kam die Eule angeflogen. „Willst du uns helfen, meine Familie zu befreien?" fragte Vuk und erzählte ihr seinen Plan. Die Eule lachte und sagte: „Aber ja, das ist ein toller Plan!" Zu dritt machten sie sich auf den Weg zum Jägerhaus. Die Eule flog voraus und setzte sich auf den großen Apfelbaum vor dem Haus. Als sie sah, daß Vuk und Onkel Karasch bei dem

Stall angelangt waren, heulte sie los. So laut sie konnte schrie sie ihr „Huhuhu" in die Nacht. Die Hunde bellten und bellten. Da kam der Jäger aus dem Haus gerannt und rief: „Was ist los, wer ist da?" Doch dann hörte er die Eule rufen und glaubte, die Hunde würden ihretwegen so laut bellen. Er kam gar nicht auf die Idee, daß im gleichen Moment die Füchse befreit werden könnten. So war es nämlich. Beim ersten „Huhuhu" der Eule kletterte Vuk auf den Rücken von Onkel Karasch, um an den Riegel an der Stalltür zu kommen. Beim nächsten „Huhuhu" zog er ihn zurück – und die Stalltür sprang auf. War das eine Freude! Blitzschnell liefen die beiden Geschwisterchen, die Mama, der Papa, Onkel Karasch und Vuk zurück in den Wald. „Gerettet! Gerettet!" schallte es durch die Nacht. „Kommt mit in meine Höhle!" sagte Onkel Karasch. „Dort wird euch der Jäger nicht finden." Kaum waren sie bei Onkel Karaschs Höhle angekommen, flog auch schon die Eule herbei. Sie lachte und lachte. „Das war ein Spaß. Das werde ich nie vergessen. Der Jäger hat ganz schön dumm geguckt, als er den leeren Stall entdeckte", berichtete sie. Und dann feierte die Familie zusammen mit der Eule ein tolles Fest. Und Vuk durfte ab sofort jede Nacht mit dem Papa Futter suchen gehen.

117

Das Fische-Mondchen

Ein Kind wie von einem anderen Stern

*Legen Sie sich lieber gleich die alten Märchenbücher zurecht.
Fische-Mondchen brauchen Geschichten wie die Luft zum Atmen.
Von Feen und Elfen, von Prinzen und Zauberern. Je phantastischer, desto besser.
Irgendwie wirken diese Kinder selbst wie aus einer anderen Welt:
entrückt, verträumt und unglaublich romantisch.*

einem pflichtbewußten Erdzeichen wie Stier oder Jungfrau.

Und nun haben Sie sich gerade damit abgefunden, daß Ihr Schatz eine Nachteule ist – und schon ändert sich wieder alles: Plötzlich schläft es nachts selig durch, Sie auch – und die Welt ist wieder in Ordnung. Aber wie lange? Verlassen Sie sich bei Ihrem Fische-Mondchen auf gar nichts. Morgen ist nämlich schon wieder alles anders! Sie merken es schon: Flexibilität ist alles in einer Familie mit einem Fische-Mondchen. Die Natur hat es aber so eingerichtet, daß vor allem sehr spontane und tolerante Mütter Fische-Mondchen bekommen. Können Sie das von sich sagen? Falls nicht, warten Sie einfach mal ab. Fische-Mondchen haben viel Geduld mit Eltern.

Ach, wie süß!

Die Natur hat aber noch für etwas ganz anderes gesorgt: dafür, daß niemand einem Fische-Mondchen (lange) böse sein kann! Mit seinen herzigen Grübchen in den rosigen Bäckchen, den Engelslocken und den verträumten, wie kleine Sterne leuchtenden Augen erinnert es eher an eine zarte Elfe aus dem Märchenland

Es ist Mitternacht, und Sie sitzen mit müden Augen im Wohnzimmer. Vor Ihnen thront Ihr Fische-Mondchen und schubst Ihnen, quietschend vor Vergnügen, immer wieder den großen roten Ball zu.

„Wann wird dieses Kind denn endlich mal müde?" Dreimal haben Sie schon versucht, es in sein Bettchen zu verfrachten. Dreimal haben Sie es nach einem halbstündigen herzzerreißenden Gejammere wieder herausgeholt. Kaum auf den geliebten Armen, strahlt es Sie an – und mitten in der Nacht geht für Sie die Sonne auf. „Wenn ich es heute nachmittag nur aufgeweckt hätte", denken Sie zerknirscht. Fünf Stunden lang hat der Spatz friedlich geschlafen. Jetzt ist er fit. Eben hat er sein Gute-Nacht-Fläschchen getrunken. Klar, er hat ja das Abendessen verschlafen …

„So weit wird es bei uns nie kommen!" denken Sie jetzt? „Wir werden durchgreifen!" Ich bin gespannt. Fische-Mondchen haben ihren ganz eigenen Tages- und Lebensplan. Sie essen, wann *sie* Hunger haben, sie schlafen, wann *sie* müde sind und spielen, wann *sie* Lust dazu haben. An die gängigen und für alle anderen Menschen normalen Zeiten hält sich kaum ein Fische-Mondchen. Es sei denn, es hat sein Sonnenzeichen und noch einige Planeten in

als an ein Menschenkind aus Fleisch und Blut. Viele Fische-Mond-Babys wirken von Geburt an zierlicher und zerbrechlicher als ihre prallen Altersgenossen. Doch das sollte Sie nicht darüber hinwegtäuschen, daß dennoch ein starker Wille hinter der glatten, milchglasfarbenen Stirn wohnt. Allerdings wird er nur höchst selten schreiend, brüllend oder kreischend kundgetan. Nein: Fische-Mondchen schauen einen aus großen, bittenden Augen an, klatschen mit den winzigen Händen ein herziges „Bitte, bitte" und kuscheln sich liebevoll an Sie. Wer könnte da widerstehen? Sie etwa?

Durch ihre normalerweise eher zarte Konstitution sind Fische-Mondchen in der Regel krankheitsanfälliger als andere, robustere Kinder. Nun, die Krankheiten kann man oft auch bei größter Vorsicht nicht verhindern. Doch Sie können neben den richtigen Medikamenten und der liebevollen Pflege noch etwas für Ihr Kind tun, um sein Leid zu lindern. Man sagt, Klassik sei die Musik der Engel. Versuchen Sie es doch einfach mal bei Ihrem Wunderwesen, wenn es unruhig ist, Zähnchen bekommt oder kränkelt. Sehen Sie, wie verzückt es horcht? Je sanfter die Musik, desto besser. Klaviersoli sind hervorragende Beruhigungshilfen. Mozart muß bei seinen Kompositionen an Fische-Mondchen gedacht haben. (Nur am Rande: In einem großen Kinderkrankenhaus in Tokio testete man verschiedene Musikrichtungen. Klassik beruhigte die Babys und Kleinkinder am schnellsten und nachhaltigsten. Die Favoriten: Mozarts „Kleine Nachtmusik" und „Guten Abend, gute Nacht" von Brahms!)

Wohl bekomm's!

Stillkinder sind zufriedene Kinder, sagt man. Dies trifft besonders auf Fische-Mondchen zu. Natürlich lieben es alle Babys, an Mutters Brust zu liegen, zu nuckeln, dabei einzuschlummern und sich nichts als sicher und geborgen zu fühlen. Ihr Fische-Schatz wird dabei aber einen besonders verträumten Ausdruck auf seinem Gesichtchen haben. Er wird sicherlich nicht sehr viel trinken, dafür aber öfter. Später dann, wenn er ein paar Zähnchen hat und mit dem Rest der Familie am Tisch ißt, wird er diese Eßmethode wohl beibehalten. Nicht viel, dafür öfter. Ein Joghurt zwischendurch, eine Banane, ein Apfel. Bei Tisch eher weniger. Und bitteschön: Kommen Sie Ihrem Fische-Mondchen lieber nicht mit deftigen Bratkartoffeln oder Hackbraten (es sei denn, es hat ein Erdsonnenzeichen!). Dieses Zeichen mag schaumige, weiche und leicht verdauliche Speisen. Kartoffeln? Aber klar: als cremiger Brei. Fleisch? Wenn schon, dann in einer herrlich duftenden Sauce Bolognese. Fisch? Logisch. Am liebsten mit einer sahnigen Sauce.

Träumen ist ja so schön!

Wenn Ihr Schatz krabbelt und die „weite Welt" entdeckt, wird sich Ihre Wohnung oder Ihr Haus über Nacht in ein riesiges, wundervolles Märchenland verwandeln. Sehen Sie die liebe Fee dort am Fenster? Ich meine jene mit dem langen weißen Kleid? Was denn, Sie sehen nur die Übergardine. Nun, dann üben Sie mal schön. Ihr Kind hat eine blühende Phantasie. Es sieht Feen und Zauberer, wo andere nur Blumentöpfe oder Palmen erblicken. Es erspäht Fabelwesen, wo andere

wird kommen." Sie lachen. Und besorgen trotz der Warnung einen Babysitter. Der ruft Sie, kurz nachdem Sie bei Ihren Freunden eingetroffen sind, aufgeregt an: Wasserrohrbruch bei Nachbars. Von der Decke und an der Wand Ihrer Küche entlang rinnt das Wasser ... Ihr Schatz hat Sie gewarnt. Ein dummer Zufall? Streichen Sie das Wort Zufall sofort aus Ihrem Wortschatz. Fische-Mondchen haben hellseherische Fähigkeiten. Das ist mein voller Ernst. Bei keinem anderen Zeichen findet man eine derart ausgeprägte Intuition. Lachen Sie auch bitte nicht, wenn Ihnen Ihr Kind von einem fernen Land erzählt, in dem es Königin oder König war. Vielleicht auch nur ein armer Bettler. Hören Sie genau zu. Fragen Sie nach der Umgebung, nach den dortigen Freunden. Man sagt, Kinder bis zu vier, fünf Jahren könnten sich genau an ihre Vorleben erinnern. Die sensiblen Fische-Mondchen ganz besonders. Tun Sie die „Erinnerung" nicht als Humbug oder Hirngespinst ab. Lassen Sie sie Ihrem Kind, nehmen Sie sie ernst. Es würde nicht verstehen, daß Sie ihm nicht glauben. Schließlich war es doch Königin, oder?!

Kleiner Mann, ganz groß?

Da steht es auf seinen wackeligen Beinchen. Erster Schritt, noch einer. Und noch einer. Prima, super! Fische-Mondchen läuft Ihnen entgegen. Ein strahlendes Lachen auf dem Gesichtchen. Purer Stolz. Jetzt beginnt für Ihr Kind eine ganz neue Ära. Aus der Knie- und Sitzhaltung hat es sich aufgestellt, sich Ihnen entgegengestreckt. Jetzt ist es „groß". Und jetzt werden Sie auch bald Bekanntschaft machen mit seinem Willen. Fische-Mondchen trotzt – aber ganz anders als der zornige, wutschnaubende kleine Widder-Freund. Anders als der majestätische Löwe und nochmal anders als der bockige, strampelnde Zwillinge-Mond. Fische-Mondchen will etwas haben

122 nur die Garderobe sehen. Es kämpft mit Geistern, spielt mit Elfen, es spricht mit imaginären Freunden und sucht Trost bei seinen Schmusetierchen. Ihr Fische-Mondchen hat die Poesie auf die Welt gebracht. Garantiert. In jedem dieser Kinder steckt ein Poet, ein Philosoph, ein Träumerchen. Gut, wenn Sie selbst reichlich Phantasie haben und zusammen mit Ihrem Kind Ihre Wohnwelt neu entdecken. Erzählen Sie ihm viele Märchen. Aber bitte solche, die ohne böse Männer und Hexen auskommen. Fische-Mondchen haben die sensibelsten Seelchen. Und die größten Ängste. Sie werden Nächte damit verbringen, den bösen schwarzen Wolf unter dem Bett zu verscheuchen. Und die alte Hexe vom Fenster zu verjagen. Lachen Sie dann bitte nicht über diese kindlichen Ängste. Ihrem Fische-Mondchen ist es todernst damit.

Dann wachen Sie eines Morgens auf, und Ihr Schatz erzählt Ihnen einen seltsamen Traum. „Mama, Papa, die Fee Isebell hat mich besucht. Sie hat zu mir gesagt, daß Ihr heute Abend nicht weggehen dürft. Ganz viel Regen

und bekommt es nicht. Mal schauen, wer das Spiel gewinnt. Ich nehme an, Ihr Fische-Mondchen. Es strahlt Sie an, schenkt Ihnen ein bezauberndes Lächeln. Sie bleiben eisern. Es bettelt, schmust, flirtet. Sie bleiben hart. Schließlich ändert Fische-Mondchen seine Trotz-Taktik. Sie werden ein paar Tage lang leiden. Worunter? Unter dem Schweigen Ihres Fischleins. Oder darunter, daß Ihnen Ihr ansonsten zärtliches Kind plötzlich ausweicht. Liebt es Sie nicht mehr? Aber sicher. Ihre Zweifel sind der Vorbote Ihrer Kapitulation.

Keine Sorge: Fische-Mondchen neigen nicht dazu, Ihre Eltern mit diesem Verhalten zu tyrannisieren. Und falls doch einmal eine härtere Gangart angesagt sein sollte, dann achten Sie auf Ihre Worte. Fische-Mondchen sind äußerst empfindsam und leicht verletzlich. Es kann häufig Tränen geben. Besonders dann, wenn man sie schroff behandelt. Die Trotz-Attacke zu ignorieren ist sicherlich die bessere Methode.

Spielen und lernen

Ihr Schatz ist etwas ganz Besonderes. Seine größten Fähigkeiten liegen im musischen Bereich. Wie bereits gesagt, ist an jedem Fische-Mondchen ein kleiner Poet verlorengegangen. Ermuntern Sie Ihr Kind, seine Träume zu Papier zu bringen. Zunächst in Form von Zeichnungen, später dann, wenn es schreiben kann, auch in Worten. Musik und Tanz sind ihm wichtig. Fische-Mond-Mädchen sind in Ballettschulen oft die talentiertesten, Fische-Mond-Jungs in den Musik-schulen. Geige liegt beiden, auch Klavier und Flöte. Schenken Sie Ihrem Schatz im Klein-kindalter ein Xylophon. Und viele, viele Kin-derliederkassetten. Tanzen Sie mit ihm dazu, singen Sie mit. Er wird begeistert sein.

Vorsicht: Fische-Mondchen neigen dazu, sich eher im Dunstkreis der Erwachsenen aufzuhalten. Andere Kinder sind ihnen oft zu lebhaft, zu rüpelhaft oder zu frech. Sorgen Sie also dafür, daß Ihr Spatz schon früh ein Kamerädchen hat, später dann zwei oder drei. So gewöhnt es sich an den Umgang mit Kindern, der so wichtig für sein soziales Verhalten ist. Auch wenn sich Ihr Schatz noch so weise und verständnisvoll mit Ihnen unterhält – denken Sie immer daran, daß Sie ein Kind vor sich haben. Und Kinder brauchen Kinder um sich herum!

Und noch ein Tip: Ermuntern Sie Ihr Kind, loben Sie es. Fische-Mondchen trauen sich selbst nicht sehr viel zu, sind sich ihrer Fähig-keiten nicht sicher. Respektieren Sie seinen Wunsch nach zeitweiliger „Einsamkeit". Viele Eltern, aber besonders Mütter bekommen ein „schweres Herz", wenn sie ihr Kind „verlassen" und „einsam" im Kinderzimmer sitzen sehen, gedankenverloren und in sich gekehrt. Das sollte Sie an Ihrem Fische-Mondchen nicht beunruhigen. Vielleicht unternimmt es gerade

FISCHE-MONDCHENS TRAUMBERUFE

Im zarten Alter von vielleicht drei, vier Jahren würde es sicherlich gerne Astronaut, Primaballerina oder Beethoven werden. Später führen dann aber weitaus „realistischere" Berufe die Wunschliste an: Restaurator, Bühnenbildner, Glasmaler, Grafiker, Visagist oder Innenarchitekt. Ein besonders glücklicher Berufsweg wird der im Sozialwesen sein: Krankenschwester, Altenpfleger, Seelsorger, Musik- oder Tanztherapeut, Psychologe. Interessant ist, daß es den meisten Fische-Mondchen bei Ihrem Job weniger um das Geld als um die „Berufung" geht. Fühlen sie sich irgendwo wohl und ausgelastet, können sie helfen und die harte Realität ein wenig mildern, wird ihnen das Entgelt dafür nicht wichtig sein. Oft kommt es vor, daß Fische-Mondchen ausgenutzt werden. Sowohl in der Arbeit als auch finanziell. Darauf sollten Sie als Eltern zumindest in seinen ersten Berufsjahren ein besonderes Augenmerk haben.

eine Reise zu dem Stern, von dem es kommt? Vielleicht erzählt ihm eine gute Fee gerade eine wunderbare Geschichte aus dem Reich der Elfen? Vielleicht denkt es aber auch einfach nur darüber nach, ob es Ihnen nun Blümchen pflücken oder doch lieber beim Abwasch helfen soll.

Der Ernst des Lebens

Er trifft Ihren kleinen, süßen und verträumten Schatz ganz besonders hart. Die Schulroutine, der Alltagstrott, das stundenlange Konzentriertseinmüssen – all das zerrt an den Nerven Ihres Lieblings. Immerhin verliert er eine

Unmenge an Zeit für seine Träume, oder? Seien Sie nicht verärgert, wenn Sie vom Lehrer eines Tages einen Anruf bekommen, in dessen Verlauf er zwar in höchsten Tönen von der Phantasie Ihres Kindes schwärmt, andererseits aber über seine abwesende Art klagt. „Da schaut es eine halbe Stunde lang aus dem Fenster, ist völlig weg und meilenweit entfernt vom Unterricht!" Sie kennen Ihr Kind.

Sie wissen, daß es wohl gerade wieder auf phantastische Reisen in eine andere Welt ging. Gewöhnen Sie sich an, zusammen mit dem Fische-Mondchen die Hausaufgaben zu erledigen. Legen Sie dazwischen (in den ersten Jahren), aber am besten immer wieder Spielpausen ein. Freuen Sie sich über seine exzellenten Beurteilungen in Deutsch, später dann – welch ein Widerspruch! – in Mathematik, Physik und Chemie. Denn so verträumt und musisch Fische-Mondchen auch sind – den meisten fällt trotz allem logisches Denken leicht. Man sollte sie frühzeitig und spielerisch in die Welt der Zahlen und Formeln einführen.

Im Klassenverband werden Fische-Mondchen oft als die Stillen, Sanften und Ruhigen eingestuft. So ist es für alle überraschend, wenn sich dieses Zeichen plötzlich für Sportarten wie Karate, Judo, Free-Climbing oder ähnliches interessiert. Vielleicht als Pendant zu seiner sonst so stillen Art? Oder als „Schutz"? Mag sein. Stimmen Sie dem Wunsch ruhig zu. Durch den Sport wird sein Selbstbewußtsein wachsen. Fördern Sie es, indem Sie es, wenn möglich, auch weiterhin ein Musikinstrument spielen, eine Tanzschule oder eine Theatergruppe besuchen lassen. Aber überfordern Sie es nicht. Fische-Mondchen brauchen bis ins Teenager-Alter viel Zeit für sich alleine. Ein ausgebuchter Terminkalender ist der Tod eines jeden Vergnügens!

Lügen? Oder die Wahrheit?

Wer täglich mit einem Fische-Mondchen zu tun hat, ob als Eltern, Geschwister, Kindergarten-Erzieherin oder Lehrer, wird sich manchmal fragen, warum dieses Kind so oft „lügt". Es kommt viel zu spät heim und erzählt Ihnen, daß es noch mit Freund Fritz nach Hause ging und dort gespielt habe. Bei Freund Fritz hatten Sie in Ihrer Sorge aber als erstes angerufen. Fritz war da – Ihr Kind aber nicht. Warum lügt es? Hat es wirklich gelogen? Oder hat es auf dem Nachhauseweg auf einer Bank gesessen und sich intensiv ausgemalt, wie es mit Fritz zusammen im Kinderzimmer sitzt und spielt? Phantasie und Realität sind Dinge, die ein Fische-Mondchen schwer auseinanderhalten kann. Besonders in jungen Jahren. Es lügt nicht, um Sie zu ärgern oder um einer Strafe zu entgehen. Es phantasiert. Hinterfragen Sie also lieber erst seine „Lügen". Bringen Sie ihm die Realität schonend bei und vor allem näher. Es hat genug damit zu kämpfen, in einer harten, kühlen und ziemlich phanta-

sielosen Welt leben zu müssen. Als Neptun-Kind wäre es viel lieber im Zauberland daheim. Und in gewissem Maße ist es das ja auch.

Es braucht viel Liebe, viel Aufmerksamkeit und noch viel mehr Zärtlichkeit. Es gibt kaum etwas Schöneres für ein Fische-Mondchen, als im Arm der Eltern zu liegen und eine Geschichte zu hören. Dabei streicheln die warmen Hände so wunderbar über den Rücken. Spielt dann noch sanfte Musik im Hintergrund und schnurrt vielleicht noch ein Kätzchen um die Beine, ist die Fische-Welt in Ordnung. Ihre Liebe ist der beste Schutz für Ihr empfindsames Kind. Vor all den häßlichen Dingen dieser Erde. Erziehen Sie es klug und umsichtig, lassen Sie ihm seine Träume. Es liegt an Ihnen, ob es sie eines Tages auch verwirklicht.

FISCHE-MONDCHENS BESTE FREUNDE

Achten Sie schon früh darauf, daß Ihr Fische-Mondchen einen Spielkameraden in der Nachbarschaft findet, falls keine Geschwisterchen im Haus sind. Ideal wäre eine ausgeglichene und ebenso musisch veranlagte Waage, ein gleichgesinntes Fischlein oder ein gemütvoller Krebs. Ziemlich überfordert wäre Ihr Sensibelchen mit den Feuerzeichen Widder, Löwe und Schütze. Wobei – ein Schütze könnte vielleicht sogar recht anregend sein. Es würde Ihren Schatz jedenfalls auf seinen Traumreisen begleiten. Ebenso ein Zwilling oder ein Wassermann.

Das Mondkind geht auf Reisen

Wie du vielleicht schon weißt, wohnt auf dem Mond das Mondkind. Auf seiner linken Wange trägt es ein winzig kleines Sternchen. Das hat es von seinem Papa geerbt, der auch ein kleines Sternchen auf seiner linken Wange trägt. Und deshalb heißt die Mondfamilie Sternchen. Herr und Frau Sternchen haben den ganzen Tag über viel zu tun. Sie helfen dem Sandmännchen, das Mondgestein zu feinem Sand zu mahlen. Abends füllt es den Sand in seinen Sack und fliegt auf seinem Wolkenpferd hinunter auf die Erde. Dort besucht es dann all die kleinen Kinder und streut ihnen den Sand in die Augen, damit sie müde werden und schön schlafen und träumen können. Wenn seine Eltern dem Sandmännchen helfen, ist das Mondkind alleine. Manchmal baut es große Burgen aus dem Mondgestein. Auf dem Mond gibt es nämlich nur Steine. Keine Bäume. Keine Flüsse. Keine Tiere. Und keine Blumen. Nur Stein, Staub und Sand. Am allerliebsten aber sitzt das Mondkind einfach nur so da und schaut hinunter auf einen Planeten, der gar nicht so weit weg ist und ganz blau aussieht: die Erde. Und dann beginnt das Mond-

kind zu träumen. Von seinem Abenteuer, als es auf Reisen ging. Eines schönen Tages nämlich saß das Mondkind am Wohnzimmerfenster und bestaunte wieder einmal die Sterne. Plötzlich sah es einen Schwarm Meteoriten am Himmel. Weißt du schon, was Meteoriten sind? Das sind mal große, mal kleine Gesteinsbrocken, die durch das All fliegen. Blitzschnell sprang es auf und zog seinen Raumanzug an. Es rannte hinaus aus dem Haus, hüpfte hoch in die Luft – und landete auf einem der Steine. „Juppiii", rief das Mondkind vor Freude. Wie ein Reiter auf seinem Pferd flog es auf dem Stein in Richtung Erde. Sie kam näher und näher. Schon konnte es Meer und Land sehen. Dann Flüsse und große Städte. Dann Felder und kleine Orte. Und dann einen großen Wald. Plumps machte es – und der Stein landete direkt neben einem Bach, der lustig dahinplätscherte. Vorsichtig kletterte das Mondkind von dem Stein und schaute sich um. Nicht weit entfernt sah es eine winzige Hütte. Davor stand eine Bank, und darauf saß ein uralter Mann, der erstaunt zu ihm herüberblickte. „Wer bist du denn?" fragte der alte Mann. „Und woher kommst du?" Das Mondkind zog seinen Raumanzug aus und antwortete: „Ich bin das Mondkind Sternchen. Bin ich hier richtig auf dem blauen Planeten, den ich immer sehe?" „Aber ja, das hier ist die Erde", erwiderte der alte Mann freundlich. „Wo sind denn die Menschen und die Blumen und die Bäume und die Tiere, von denen mir das Sandmännchen erzählt hat?" wollte das Mondkind wissen. „Nun, ich bin ein Mensch", sagt der alte Mann. Dann zeigte er auf die Bäume ringsum: „Das sind Bäume, darauf wohnen auch Tiere. Die nennen wir

Vögel. Sie können fliegen und wunderschöne Lieder singen." Dann zeigte der alte Mann auf die Blumen in seinem kleinen Garten: „Das sind Blumen. Sie blühen in allen Farben und duften wunderbar." Er zeigte auf etwas, das neben ihm lag: „Das ist ein Tier. Wir nennen es Hund. Er kann bellen und paßt auf, daß nachts kein Dieb kommt." Das Mondkind war begeistert. „Es ist so schön hier bei dir, du Mensch", sagte es und setzte sich auf die Bank. „Darf ich ein bißchen bei dir bleiben?" – „Aber vermissen dich denn deine Eltern nicht", wollte der alte Mann wissen. „Sie arbeiten den ganzen Tag für das Sandmännchen. Sie bemerken sicherlich gar nicht, daß ich weg bin!" Und dann wollte es wissen: „Es ist so grün hier überall. Warum sehe ich dann einen blauen Planeten und keinen grünen?" Der alte Mann überlegte und sagte dann: „Von deinem Mond aus sieht die Erde so blau aus, weil wir viele, viele Meere haben. Das Wasser darin wirkt blau durch den Himmel. Es gibt viel mehr Wasser auf unserer Welt als Erde." – „Und warum heißt dieser Planet dann Erde und nicht Wasser?" wunderte sich das Mondkind. „Weil wir Menschen auf der Erde wohnen. Wir können zwar im Wasser schwimmen, und wir brauchen es zum Trinken – aber leben können wir dort nicht. Das können nur all die Wassertiere." Der alte Mann nahm das Mondkind mit in seine Hütte, gab ihm Brot zu essen und Wasser zu trinken. Das Mondkind fragte und fragte. „Das ist ein schöner Planet hier", seufzte das Mondkind. „Viel, viel schöner als unser Mond, der nur grau ist und aus Stein besteht." Doch als es dunkel wurde und der Mond durch das Fenster der Hütte schien, wurde es plötzlich ganz traurig. „Meine Eltern sind jetzt sicherlich schon mit der Arbeit fertig und suchen mich. Hoffentlich kommen bald wieder Meteoriten vorbei, auf denen ich mitfliegen kann." – „Sicherlich nicht so schnell", sagte der alte Mann. Er überlegte. Dann ging ein Strahlen über sein Gesicht. „Ich weiß, wo das Sandmännchen mit seinem Wolkenpferd ankommt. Komm, Mondkind. Wir müssen eine Strecke laufen, bis wir dort sind!" So schnell ihre Füße sie trugen, liefen der alte Mann und das Mondkind durch den Wald. „Siehst du das Wolkenpferd?" Er deutete auf einen kleinen Platz mitten im Wald. Dort stand das Wolkenpferdchen und aß das frische, saftige Gras. Das Mondkind streichelte das Wolkenpferd. „Wann kommt denn das Sandmännchen?" wollte es wissen. „Das kann nicht mehr so lange dauern", sagte das Wolkenpferd. Kaum hatte es ausgesprochen, kam das Sandmännchen auch schon angelaufen. „Da bist du ja, Mondkind. Wie kommst du denn auf die Erde?" wollte es wissen und drückte und herzte das Mondkind. „Ich bin auf einem Meteoriten hergeflogen. Es ist so schön hier!" Aber dann blickte es sehnsüchtig hinauf zum Mond und sagte: „Aber bei uns auf dem Mond ist es auch schön. Darf ich mit dir hinaufreiten?" Das Sandmännchen lachte und sagte: „Aber natürlich. Komm, steig' auf. Deine Eltern machen sich große Sorgen!" Das Mondkind winkte dem uralten Mann noch lange zu, als sie davonflogen. Und als sie oben auf dem Mond ankamen und die Eltern ihr Mondkind überglücklich in die Arme schlossen, pikste etwas aus der Tasche des Raumanzugs. „Was ist denn das?" fragte die Mutter. Das Mondkind holte ein winziges Samenkorn hervor. Es hüpfte vor Freude und lachte: „Der alte Mann hat mir das bestimmt in meine Tasche geschmuggelt. Es ist das Samenkorn einer seiner Blumen. Jetzt haben wir auch bald eine hier oben. Sie wird mich immer an die wunderschöne Erde erinnern!"

Bildnachweis
Umschlagfoto: Fotoagentur Helga Lade –
M. Trigalou
Alle Zeichnungen von Ushie Farkas-Dorner,
Plouray (Frankreich)

Impressum
Autorin: Claudia Graf
Redaktionsleitung: Halina Heitz
Redaktion: Kirsten Sonntag, München
Buchgestaltung: Martin Strohkendl, München
Umschlaggestaltung: Martina Eisele, München

Der Mosaik Verlag ist ein Unternehmen
der Verlagsgruppe Bertelsmann

© 1996 Mosaik Verlag GmbH,
München / 5 4 3 2 1
Reproduktionen: Arti Litho, Trento
Satz: All-Star-Type Hilse, München
Druck und Bindung: Alcione, Trento
Printed in Italy
ISBN 3-576-10579-4

Zuschriften an die Autorin über:
Mosaik Verlag GmbH,
Postfach 80 03 60,
81664 München

Sebastian	Stephanie	Andreas

Sebastian
8
8
―――
16
29
―――
45
- 27
―――
18

Stephanie
11
14
―――
25
-13
―――
38
- 27
―――
11

Andreas
5
17
―――
22
28
―――
50
-27
―――
23

Schütze

Timpau

Wassermann